Homerare♥Gohan

# 小倉優子の 毎日 ほめられ ♥ ごはん

## Message

こんにちは♪　小倉優子です。
この本を手に取ってくださって、ありがとうございます。
初めてのお料理本を出させていただいてから約1年。
実際に作ってくださった方々から、感想やリクエストなど、
さまざまな声を寄せていただきました。
とても嬉しく思っています。第2弾となるこの本は、
そんな皆さんからの声がベースとなっています。
心がけたのは特別な料理ではなく、冷蔵庫の中にあるもので
パパッとできる「毎日作りたくなる料理」です。
食卓にいっぱいの笑顔がこぼれますように。

小倉優子

## Contents

●、○マークがついているお皿は、小倉優子さんの私物食器です。

- 1 Message
- 4 素材別Index
- 8 料理を始める前に

## そのまま作ればOK！
## シーン別メニュー

- 10 20分でできる魚の献立
  - かじきのしょうゆレモンバター
  - トマトとちりめんじゃこのサラダ
  - じゃが芋とわかめのみそ汁
- 14 旦那さんのためのヘルシー献立
  - 蒸し春巻き
  - トマトとアボカドのさっぱりサラダ
  - あさりとキャベツのピリ辛スープ
- 16 体にやさしい和食の献立
  - みそバター肉じゃが
  - 春菊とねぎのポン酢和え
  - 大根と油揚げのみそ汁
- 18 作って！とせがまれる洋食の献立
  - 手作りトマトソースのオムライス
  - たことセロリのサラダ
  - ヴィシソワーズ
- 20 ご飯がすすむ中華の献立
  - 麻婆なす
  - ブロッコリーのオイスターソース
  - くずし豆腐のスープ
  - 豆もやしの混ぜご飯
- 22 きれいになれる朝ご飯 1
  - アサイーボウル
  - パイナップルとキウイのスムージー
- 23 きれいになれる朝ご飯 2
  - エッグベネディクト
  - りんご、バナナ、オレンジのスムージー
  - フライドポテト
  - ほうれんそうのソテー
- 24 ワンプレートでも豪華な
  ママランチ会メニュー
  - サーモンのハンバーグ
  - ライスサラダ
  - じゃが芋入りキャベツとウインナーのスープ
- 26 旦那さんの両親が
  来たときのおもてなし
  - 海鮮鍋
  - ひじきと大根のサラダ
  - 筑前煮

### クリスマスパーティーにぴったりなメニュー
- 29 フライドチキン
  - トマトのブルスケッタ
  - リース形ポテトサラダ
- 30 ちりめんじゃこのブルスケッタ
  - ホットワイン

## アイデア満載！
## 持ち寄りメニュー

### 持ち寄りパーティー
- 32 スペアリブ
  - ほうれんそうとベーコンのキッシュ
- 34 韓国風焼き肉カップ寿司
  - サーモンとチーズの彩り寿司
- 35 えびとウインナーのマカロニグラタン

**Special page**
- 36 お気に入りスイーツ＆お取り寄せ

## 毎日役立つ
## メインおかずとサブおかず

### 豚肉
- 38 豚のねぎレモン
- 39 オクラの豚巻き
  - 豚肉と野菜の辛みそ炒め
- 40 黒酢の酢豚
- 41 冷製豚キムチ
  - 豚とほうれんそうの常夜鍋

### 鶏肉
- 42 油淋鶏
- 43 手羽先のカレー焼き
  - チキンのオーブン焼き バルサミコ風味

### 牛肉
- 44 牛肉の赤ワイン煮
  - プルコギ

### ひき肉
- 45 れんこんのはさみ焼き

### 魚
- 46 たらのポン酢バター焼き
- 47 さけとさつま芋のシチュー
  - さけのみそマヨチーズ焼き
- 48 たらの甘酢あんかけ
- 49 いわしのソテー
- 50 ぶり大根
- 51 えびのチリソース
  - えびシューマイ
- 52 さばの竜田揚げ

| | | | |
|---|---|---|---|
| 53 | さわらの幽庵焼き | 69 | たこのラグーパスタ |
| | さばの塩麹焼き | | サーモンのクリームパスタ |
| 54 | きんめだいの煮つけ | 70 | かきのパスタ |
| | 白身魚の昆布蒸し | 71 | 帆立て貝と枝豆の冷製サラダパスタ |
| 55 | さんまのハーブソテー | | なすのペンネアラビアータ |
| | 帆立て貝とズッキーニのレモンソテー | | |

### ご飯

| | |
|---|---|
| 72 | れんこんの炊き込みご飯 |
| | タコライス |
| 73 | グリーンカレー |
| | ちりめんじゃこのチャーハン |
| 74 | きのこの中華風炊き込みご飯 |
| | まぐろアボカド丼 |

### ギョーザの作り置き

| | |
|---|---|
| 56 | 羽根つきギョーザ |
| 57 | 棒ギョーザ |
| | 水ギョーザ |
| | スープギョーザ |

### ひじきの煮物の作り置き

| | |
|---|---|
| 58 | ひじきの煮物 |
| 59 | 豆腐とひじきのヘルシーハンバーグ |
| | ひじきの煮物入り卵焼き |
| | ひじきの混ぜご飯 |

## ビューティ&ヘルシー！
## サラダ、スープ、スイーツ

### サラダ

| | |
|---|---|
| 76 | チキンのハニーマスタードサラダ |
| | 柿とさつま芋のサラダ |
| 77 | 棒々鶏サラダ（バンバンジー） |
| | なすのさっぱりサラダ |
| 78 | バーニャカウダ |
| | 大根と帆立て缶のサラダ |

### 5分でできるクイックおかず

| | |
|---|---|
| 60 | いんげんの素揚げ |
| | 白菜と塩昆布のサラダ |
| | セロリとさきいかの和えもの |
| | オクラとエリンギの梅ポン酢和え |
| 61 | アボカドの塩昆布和え |
| | ちりめんじゃことピーマン炒め |
| | 小松菜の中華風炒め |
| | ちくわとほうれんそうのからし和え |
| | きのこのバルサミコソテー |

### スープ

| | |
|---|---|
| 79 | 帆立てとしめじのチャウダー |
| 80 | チキンときのこのトマトクリームスープ |
| | いわしのつみれ汁 |
| 81 | スンドゥブ |
| | 酸辣湯（サンラータン） |
| 82 | たいのゆずこしょうスープ |
| | にんじんとごぼうの豆乳ポタージュ |
| 83 | 豚汁 |
| | ポトフ |

### あと一品ほしい時のサブおかず

| | |
|---|---|
| 62 | れんこんのいそべ焼き |
| | 枝豆のペペロンチーノ |
| | 里芋の煮物 |
| 63 | アスパラガスのソテー半熟卵のせ |
| | じゃが芋とクレソンの塩麹炒め |
| | じゃが芋のゴルゴンゾーラソース |
| 64 | カリフラワーのカレーマヨネーズ |
| | ブロッコリーとウインナーの中華すっぱあん |
| | 油揚げのねぎマヨチーズ |
| 65 | 切り干し大根 |
| | 焼き明太子のポテトサラダ |
| | まいたけ入りきんぴら |
| 66 | 明太子豆腐 |
| | きゅうりとわかめの酢の物 |
| | かに玉 |

### スイーツ

| | |
|---|---|
| 84 | いちごのクラフティ |
| | ミルクババロア |
| 85 | マーブルケーキ |
| | にんじんパンケーキ |
| 86 | ガトーショコラ |
| | バナナとヨーグルトのアイスクリーム |

### Special page

| | |
|---|---|
| 87 | 大活躍の調味料 |
| 88 | 全部見せます！ |
| | 自宅キッチン&リビング大公開 |
| 92 | お気に入り食器&SHOPリスト |
| 94 | Yuko's fashion |

## ゆうこりん特製！
## パスタ&ご飯

### お手軽パスタ

| | |
|---|---|
| 68 | ボロネーゼ |

| | |
|---|---|
| 95 | おわりに |

# 素材別 Index

## 肉

### ●豚肉
| | |
|---|---|
| 蒸し春巻き | 15 |
| みそバター肉じゃが | 17 |
| スペアリブ | 32 |
| 豚のネギレモン | 38 |
| オクラの豚巻き | 39 |
| 豚肉と野菜の辛みそ炒め | 39 |
| 黒酢の酢豚 | 40 |
| 冷製豚キムチ | 41 |
| 豚とほうれんそうの常夜鍋 | 41 |
| スンドゥブ | 81 |
| 酸辣湯 | 81 |
| 豚汁 | 83 |

### ●豚ひき肉、合いびき肉
| | |
|---|---|
| 麻婆なす | 21 |
| ギョーザ | 56 |
| ボロネーゼ | 68 |
| タコライス | 72 |

### ●鶏肉
| | |
|---|---|
| 手作りトマトソースのオムライス | 19 |
| 筑前煮 | 27 |
| フライドチキン | 29 |
| 油淋鶏 | 42 |
| 手羽先のカレー焼き | 43 |
| チキンのオーブン焼き バルサミコ風味 | 43 |
| グリーンカレー | 73 |
| チキンのハニーマスタードサラダ | 76 |
| 棒々鶏サラダ | 77 |
| チキンときのこのトマトクリームスープ | 80 |

### ●鶏ひき肉
| | |
|---|---|
| 海鮮鍋 | 27 |
| れんこんのはさみ焼き | 45 |
| 豆腐とひじきのヘルシーハンバーグ | 59 |

### ●牛肉
| | |
|---|---|
| 韓国風焼き肉カップ寿司 | 34 |
| 牛肉の赤ワイン煮 | 44 |
| プルコギ | 44 |

## 魚介、海藻

### ●あさり
| | |
|---|---|
| あさりとキャベツのピリ辛スープ | 15 |
| スンドゥブ | 81 |

### ●いわし
| | |
|---|---|
| いわしのソテー | 49 |
| いわしのつみれ汁 | 80 |

### ●えび
| | |
|---|---|
| 海鮮鍋 | 27 |
| えびとウインナーのマカロニグラタン | 35 |
| えびのチリソース | 51 |
| えびシューマイ | 51 |

### ●かき
| | |
|---|---|
| かきのパスタ | 70 |

### ●かじき
| | |
|---|---|
| かじきのしょうゆレモンバター | 13 |

### ●きんめだい
| | |
|---|---|
| 海鮮鍋 | 27 |
| きんめだいの煮つけ | 54 |

### ●昆布
| | |
|---|---|
| 白身魚の昆布蒸し | 54 |
| れんこんの炊き込みご飯 | 72 |

### ●さけ、スモークサーモン
| | |
|---|---|
| サーモンのハンバーグ | 25 |
| サーモンとチーズの彩り寿司 | 34 |
| さけとさつま芋のシチュー | 47 |
| さけのみそマヨチーズ焼き | 47 |
| サーモンのクリームパスタ | 69 |

### ●さば
| | |
|---|---|
| さばの竜田揚げ | 52 |
| さばの塩麹焼き | 53 |

### ●さわら
| | |
|---|---|
| さわらの幽庵焼き | 53 |

### ●さんま
| | |
|---|---|
| さんまのハーブソテー | 55 |

### ●たい
| | |
|---|---|
| 白身魚の昆布蒸し | 54 |
| たいのゆずこしょうスープ | 82 |

### ●たこ
| | |
|---|---|
| たことセロリのサラダ | 19 |
| たこのラグーパスタ | 69 |

### ●たら
| | |
|---|---|
| たらのポン酢バター焼き | 46 |
| たらの甘酢あんかけ | 48 |

### ●ちりめんじゃこ
| | |
|---|---|
| トマトとちりめんじゃこのサラダ | 13 |
| ちりめんじゃこのブルスケッタ | 30 |
| ちりめんじゃことピーマン炒め | 61 |
| ちりめんじゃこのチャーハン | 73 |

### ●ひじき
| | |
|---|---|
| ひじきと大根のサラダ | 27 |
| ひじきの煮物 | 58 |
| 豆腐とひじきのヘルシーハンバーグ | 59 |
| ひじきの煮物入り卵焼き | 59 |
| ひじきの混ぜご飯 | 59 |

### ●ぶり
| | |
|---|---|
| ぶり大根 | 50 |

### ●帆立て貝、帆立て缶
| | |
|---|---|
| 海鮮鍋 | 27 |
| 帆立て貝とズッキーニのレモンソテー | 55 |
| 帆立て貝と枝豆の冷製サラダパスタ | 71 |
| 大根と帆立て缶のサラダ | 78 |
| 帆立てとしめじのチャウダー | 79 |

### ●まぐろ
| | |
|---|---|
| まぐろアボカド丼 | 74 |

### ●明太子
| | |
|---|---|
| 焼き明太子のポテトサラダ | 65 |
| 明太子豆腐 | 66 |

### ●わかめ
| | |
|---|---|
| じゃが芋とわかめのみそ汁 | 13 |
| きゅうりとわかめの酢の物 | 66 |

## 卵
| | |
|---|---|
| 手作りトマトソースのオムライス | 19 |
| くずし豆腐のスープ | 21 |
| エッグベネディクト | 23 |
| フライドチキン | 29 |
| ほうれんそうとベーコンのキッシュ | 33 |
| スープギョーザ | 57 |
| ひじきの煮物入り卵焼き | 59 |
| アスパラガスのソテー半熟卵のせ | 63 |
| カリフラワーのカレーマヨネーズ | 64 |
| 焼き明太子のポテトサラダ | 65 |
| かに玉 | 66 |
| ちりめんじゃこのチャーハン | 73 |
| スンドゥブ | 81 |
| 酸辣湯 | 81 |
| いちごのクラフティ | 84 |
| ミルクババロア | 84 |
| マーブルケーキ | 85 |
| にんじんパンケーキ | 85 |
| ガトーショコラ | 86 |

## 野菜

### ●青ねぎ
| | |
|---|---|
| くずし豆腐のスープ | 21 |
| たらのポン酢バター焼き | 46 |
| ちりめんじゃこのチャーハン | 73 |
| 豚汁 | 83 |

### ●アスパラガス
| | |
|---|---|
| アスパラガスのソテー半熟卵のせ | 63 |

| | | |
|---|---|---|
| 焼き明太子のポテトサラダ | 65 | |
| たこのラグーパスタ | 69 | |
| ●イタリアンパセリ | | |
| ヴィシソワーズ | 19 | |
| じゃが芋のゴルゴンゾーラソース | 63 | |
| ●いんげん | | |
| 筑前煮 | 27 | |
| いんげんの素揚げ | 60 | |
| ●枝豆 | | |
| 枝豆のペペロンチーノ | 62 | |
| 帆立て貝と枝豆の冷製サラダパスタ | 71 | |
| ●大葉（青じそ） | | |
| かじきのしょうゆレモンバター | 13 | |
| トマトとちりめんじゃこのサラダ | 13 | |
| れんこんのはさみ焼き | 45 | |
| いわしのソテー | 49 | |
| さばの塩麹焼き | 53 | |
| 白身魚の昆布蒸し | 54 | |
| 棒ギョーザ | 57 | |
| なすのさっぱりサラダ | 77 | |
| ●オクラ | | |
| オクラの豚巻き | 39 | |
| オクラとエリンギの梅ポン酢和え | 60 | |
| サーモンのクリームパスタ | 69 | |
| ●貝割れ菜 | | |
| オクラの豚巻き | 39 | |
| 大根と帆立て缶のサラダ | 78 | |
| ●かぶ | | |
| さわらの幽庵焼き | 53 | |
| ●かぼちゃ | | |
| チキンのオーブン焼き バルサミコ風味 | 43 | |
| グリーンカレー | 73 | |
| ●カリフラワー | | |
| カリフラワーのカレーマヨネーズ | 64 | |
| ●キャベツ | | |
| あさりとキャベツのピリ辛スープ | 15 | |
| じゃが芋入りキャベツとウインナーのスープ | 25 | |
| ギョーザ | 56 | |
| スープギョーザ | 57 | |
| ポトフ | 83 | |
| ●きゅうり | | |
| トマトとアボカドのさっぱりサラダ | 15 | |
| ライスサラダ | 25 | |
| 韓国風焼き肉カップ寿司 | 34 | |
| きゅうりとわかめの酢の物 | 66 | |
| 棒々鶏サラダ | 77 | |
| バーニャカウダ | 78 | |
| ●グリーンカール | | |
| 黒酢の酢豚 | 40 | |
| ●クレソン | | |
| じゃが芋とクレソンの塩麹炒め | 63 | |
| ●ケイパー | | |
| サーモンとチーズの彩り寿司 | 34 | |

| | | |
|---|---|---|
| ●ごぼう | | |
| 筑前煮 | 27 | |
| まいたけ入りきんぴら | 65 | |
| にんじんとごぼうの豆乳ポタージュ | 82 | |
| 豚汁 | 83 | |
| ●小松菜 | | |
| パイナップルとキウイのスムージー | 22 | |
| りんご、バナナ、オレンジのスムージー | 23 | |
| 小松菜の中華風炒め | 61 | |
| ●さつま芋 | | |
| さけとさつま芋のシチュー | 47 | |
| 柿とさつま芋のサラダ | 76 | |
| バーニャカウダ | 78 | |
| ポトフ | 83 | |
| ●里芋 | | |
| 里芋の煮物 | 62 | |
| ●しし唐 | | |
| さばの竜田揚げ | 52 | |
| ●じゃが芋 | | |
| じゃが芋とわかめのみそ汁 | 13 | |
| みそバター肉じゃが | 17 | |
| ヴィシソワーズ | 19 | |
| フライドポテト | 23 | |
| じゃが芋入りキャベツとウインナーのスープ | 25 | |
| リース形ポテトサラダ | 29 | |
| さんまのハーブソテー | 55 | |
| じゃが芋とクレソンの塩麹炒め | 63 | |
| じゃが芋のゴルゴンゾーラソース | 63 | |
| 焼き明太子のポテトサラダ | 65 | |
| バーニャカウダ | 78 | |
| 帆立てとしめじのチャウダー | 79 | |
| ●春菊 | | |
| 春菊とねぎのポン酢和え | 17 | |
| 里芋の煮物 | 62 | |
| ●ズッキーニ | | |
| 帆立て貝とズッキーニのレモンソテー | 55 | |
| ●セロリ | | |
| たことセロリのサラダ | 19 | |
| 牛肉の赤ワイン煮 | 44 | |
| セロリとさきいかの和えもの | 60 | |
| ボロネーゼ | 68 | |
| チキンのハニーマスタードサラダ | 76 | |
| ●大根 | | |
| 大根と油揚げのみそ汁 | 17 | |
| ひじきと大根のサラダ | 27 | |
| 豚とほうれんそうの常夜鍋 | 41 | |
| ぶり大根 | 50 | |
| 豆腐とひじきのヘルシーハンバーグ | 59 | |
| 大根と帆立て缶のサラダ | 78 | |
| 豚汁 | 83 | |
| ●タイム | | |
| 帆立て貝とズッキーニのレモンソテー | 55 | |
| ●玉ねぎ | | |

| | | |
|---|---|---|
| みそバター肉じゃが | 17 | |
| 手作りトマトソースのオムライス | 19 | |
| ヴィシソワーズ | 19 | |
| サーモンのハンバーグ | 25 | |
| ライスサラダ | 25 | |
| リース形ポテトサラダ | 29 | |
| サーモンとチーズの彩り寿司 | 34 | |
| えびとウインナーのマカロニグラタン | 35 | |
| 豚肉と野菜の辛みそ炒め | 39 | |
| 牛肉の赤ワイン煮 | 44 | |
| プルコギ | 44 | |
| さけとさつま芋のシチュー | 47 | |
| さけのみそマヨチーズ焼き | 47 | |
| たらの甘酢あんかけ | 48 | |
| えびシューマイ | 51 | |
| ボロネーゼ | 68 | |
| タコライス | 72 | |
| ちりめんじゃこのチャーハン | 73 | |
| 帆立てとしめじのチャウダー | 79 | |
| にんじんとごぼうの豆乳ポタージュ | 82 | |
| ポトフ | 83 | |
| ●ディル | | |
| サーモンのハンバーグ | 25 | |
| サーモンとチーズの彩り寿司 | 34 | |
| ●とうもろこし、コーン | | |
| リース形ポテトサラダ | 29 | |
| ●トマト、トマト水煮缶、ミニトマト | | |
| トマトとちりめんじゃこのサラダ | 13 | |
| トマトとアボカドのさっぱりサラダ | 15 | |
| 手作りトマトソースのオムライス | 19 | |
| フライドチキン | 29 | |
| トマトのブルスケッタ | 29 | |
| チキンのオーブン焼き バルサミコ風味 | 43 | |
| いわしのソテー | 49 | |
| 帆立て貝とズッキーニのレモンソテー | 55 | |
| ボロネーゼ | 68 | |
| たこのラグーパスタ | 69 | |
| サーモンのクリームパスタ | 69 | |
| 帆立て貝と枝豆の冷製サラダパスタ | 71 | |
| なすのペンネアラビアータ | 71 | |
| タコライス | 72 | |
| チキンのハニーマスタードサラダ | 76 | |
| 棒々鶏サラダ | 77 | |
| なすのさっぱりサラダ | 77 | |
| チキンときのこのトマトクリームスープ | 80 | |
| ●長ねぎ | | |
| 蒸し春巻き | 15 | |
| 春菊とねぎのポン酢和え | 17 | |
| ヴィシソワーズ | 19 | |
| 麻婆なす | 21 | |
| 豆もやしの混ぜご飯 | 21 | |
| 海鮮鍋 | 27 | |
| 豚のネギレモン | 38 | |
| 油淋鶏 | 42 | |

## 素材別 Index

| | |
|---|---|
| れんこんのはさみ焼き | 45 |
| えびのチリソース | 51 |
| ギョーザ | 56 |
| 油揚げのねぎマヨチーズ | 64 |
| かに玉 | 66 |
| きのこの中華風炊き込みご飯 | 74 |
| いわしのつみれ汁 | 80 |

● なす
| | |
|---|---|
| 麻婆なす | 21 |
| なすのペンネアラビアータ | 71 |
| グリーンカレー | 73 |
| なすのさっぱりサラダ | 77 |

● にら
| | |
|---|---|
| 冷製豚キムチ | 41 |
| プルコギ | 44 |
| ギョーザ | 56 |

● にんじん
| | |
|---|---|
| みそバター肉じゃが | 17 |
| 筑前煮 | 27 |
| 豚肉と野菜の辛みそ炒め | 39 |
| 牛肉の赤ワイン煮 | 44 |
| プルコギ | 44 |
| たらの甘酢あんかけ | 48 |
| スープギョーザ | 57 |
| ひじきの煮物 | 58 |
| 切り干し大根 | 65 |
| まいたけ入りきんぴら | 65 |
| ボロネーゼ | 68 |
| れんこんの炊き込みご飯 | 72 |
| タコライス | 72 |
| きのこの中華風炊き込みご飯 | 74 |
| バーニャカウダ | 78 |
| 酸辣湯 | 81 |
| にんじんとごぼうの豆乳ポタージュ | 82 |
| 豚汁 | 83 |
| ポトフ | 83 |
| にんじんパンケーキ | 85 |

● 白菜
| | |
|---|---|
| 海鮮鍋 | 27 |
| さけとさつま芋のシチュー | 47 |
| 白菜と塩昆布のサラダ | 60 |
| たいのゆずこしょうスープ | 82 |

● バジル
| | |
|---|---|
| トマトのブルスケッタ | 29 |
| グリーンカレー | 73 |

● パプリカ
| | |
|---|---|
| 麻婆なす | 21 |
| ライスサラダ | 25 |
| リース形ポテトサラダ | 29 |
| たらのポン酢バター焼き | 46 |

● ピーマン
| | |
|---|---|
| 麻婆なす | 21 |
| 豚肉と野菜の辛みそ炒め | 39 |
| たらの甘酢あんかけ | 48 |

| | |
|---|---|
| ちりめんじゃことピーマン炒め | 61 |
| タコライス | 72 |

● ブロッコリー
| | |
|---|---|
| ブロッコリーのオイスターソース | 21 |
| リース形ポテトサラダ | 29 |
| ブロッコリーとウインナーの中華すっぱあん | 64 |
| バーニャカウダ | 78 |

● ベビーリーフ
| | |
|---|---|
| 帆立て貝と枝豆の冷製サラダパスタ | 71 |
| タコライス | 72 |

● ほうれんそう
| | |
|---|---|
| ほうれんそうのソテー | 23 |
| ほうれんそうとベーコンのキッシュ | 33 |
| 豚とほうれんそうの常夜鍋 | 41 |
| ちくわとほうれんそうのからし和え | 61 |

● 水菜
| | |
|---|---|
| 海鮮鍋 | 27 |
| かきのパスタ | 70 |

● みょうが
| | |
|---|---|
| 白身魚の昆布蒸し | 54 |
| なすのさっぱりサラダ | 77 |

● もやし、豆もやし
| | |
|---|---|
| 蒸し春巻き | 15 |
| 豆もやしの混ぜご飯 | 21 |
| 冷製豚キムチ | 41 |
| プルコギ | 44 |
| スンドゥブ | 81 |

● レタス、サニーレタス
| | |
|---|---|
| 蒸し春巻き | 15 |
| 油淋鶏 | 42 |

● れんこん
| | |
|---|---|
| 筑前煮 | 27 |
| れんこんのはさみ焼き | 45 |
| れんこんのいそべ焼き | 62 |
| れんこんの炊き込みご飯 | 72 |

● ローズマリー
| | |
|---|---|
| チキンのオーブン焼き バルサミコ風味 | 43 |
| さんまのハーブソテー | 55 |

## きのこ

● えのきだけ
| | |
|---|---|
| 海鮮鍋 | 27 |

● エリンギ
| | |
|---|---|
| 手作りトマトソースのオムライス | 19 |
| 牛肉の赤ワイン煮 | 44 |
| えびシューマイ | 51 |
| オクラとエリンギの梅ポン酢和え | 60 |
| きのこのバルサミコソテー | 61 |
| チキンときのこのトマトクリームスープ | 80 |

● しいたけ、干ししいたけ
| | |
|---|---|
| 蒸し春巻き | 15 |
| くずし豆腐のスープ | 21 |
| 筑前煮 | 27 |

| | |
|---|---|
| 豚肉と野菜の辛みそ炒め | 39 |
| たらの甘酢あんかけ | 48 |
| えびシューマイ | 51 |
| きんめだいの煮つけ | 54 |
| スープギョーザ | 57 |
| 切り干し大根 | 65 |
| かに玉 | 66 |
| きのこの中華風炊き込みご飯 | 74 |
| いわしのつみれ汁 | 80 |
| 酸辣湯 | 81 |
| 豚汁 | 83 |

● しめじ
| | |
|---|---|
| かじきのしょうゆレモンバター | 13 |
| えびとウインナーのマカロニグラタン | 35 |
| さけとさつま芋のシチュー | 47 |
| さけのみそマヨチーズ焼き | 47 |
| きのこのバルサミコソテー | 61 |
| グリーンカレー | 73 |
| きのこの中華風炊き込みご飯 | 74 |
| 帆立てとしめじのチャウダー | 79 |
| たいのゆずこしょうスープ | 82 |

● まいたけ
| | |
|---|---|
| まいたけ入りきんぴら | 65 |
| チキンときのこのトマトクリームスープ | 80 |

● マッシュルーム
| | |
|---|---|
| きのこのバルサミコソテー | 61 |

## 加工品、その他

● 油揚げ
| | |
|---|---|
| 大根と油揚げのみそ汁 | 17 |
| ひじきと大根のサラダ | 27 |
| ひじきの煮物 | 58 |
| 油揚げのねぎマヨチーズ | 64 |
| 切り干し大根 | 65 |
| れんこんの炊き込みご飯 | 72 |

● アプリコットジャム
| | |
|---|---|
| スペアリブ | 32 |

● 梅干し
| | |
|---|---|
| 白身魚の昆布蒸し | 54 |
| オクラとエリンギの梅ポン酢和え | 60 |

● かつお節パック
| | |
|---|---|
| オクラとエリンギの梅ポン酢和え | 60 |
| ちりめんじゃことピーマン炒め | 61 |
| 油揚げのねぎマヨチーズ | 64 |

● かに風味かまぼこ
| | |
|---|---|
| きゅうりとわかめの酢の物 | 66 |
| かに玉 | 66 |

● キムチ
| | |
|---|---|
| 冷製豚キムチ | 41 |
| スンドゥブ | 81 |

● 牛乳
| | |
|---|---|
| 手作りトマトソースのオムライス | 19 |
| ヴィシソワーズ | 19 |
| えびとウインナーのマカロニグラタン | 35 |

| | | |
|---|---|---|
| さけとさつま芋のシチュー | 47 | |
| サーモンのクリームパスタ | 69 | |
| バーニャカウダ | 78 | |
| 帆立てとしめじのチャウダー | 79 | |
| いちごのクラフティ | 84 | |
| ミルクババロア | 84 | |
| ●ギョーザの皮 | | |
| ギョーザ | 56 | |
| ●切り干し大根 | | |
| 切り干し大根 | 65 | |
| ●ココナッツミルク | | |
| グリーンカレー | 73 | |
| ●こんにゃく | | |
| 筑前煮 | 27 | |
| ●さきいか | | |
| セロリとさきいかの和えもの | 60 | |
| ●塩昆布 | | |
| 白菜と塩昆布のサラダ | 60 | |
| アボカドの塩昆布和え | 61 | |
| ●シューマイの皮 | | |
| えびシューマイ | 51 | |
| ●シリアル | | |
| アサイーボウル | 22 | |
| ●大豆 | | |
| ひじきの煮物 | 58 | |
| ●たくあん | | |
| 韓国風焼き肉カップ寿司 | 34 | |
| ●チーズ | | |
| エッグベネディクト | 23 | |
| リース形ポテトサラダ | 29 | |
| サーモンとチーズの彩り寿司 | 34 | |
| えびとウインナーのマカロニグラタン | 35 | |
| さけのみそマヨチーズ焼き | 47 | |
| じゃが芋のゴルゴンゾーラソース | 63 | |
| 油揚げのねぎマヨチーズ | 64 | |
| ●ちくわ | | |
| ちくわとほうれんそうのからし和え | 61 | |
| ●チョコレート | | |
| ガトーショコラ | 86 | |
| ●調整豆乳 | | |
| じゃが芋のゴルゴンゾーラソース | 63 | |
| にんじんとごぼうの豆乳ポタージュ | 82 | |
| にんじんパンケーキ | 85 | |
| ●豆腐 | | |
| くずし豆腐のスープ | 21 | |
| サーモンのハンバーグ | 25 | |
| 豆腐とひじきのヘルシーハンバーグ | 59 | |
| 明太子豆腐 | 66 | |
| スンドゥブ | 81 | |
| 酸辣湯 | 81 | |
| ●生クリーム | | |
| ほうれんそうとベーコンのキッシュ | 33 | |
| サーモンのクリームパスタ | 69 | |
| バーニャカウダ | 78 | |

| | | |
|---|---|---|
| チキンときのこのトマトクリームスープ | 80 | |
| いちごのクラフティ | 84 | |
| ミルクババロア | 84 | |
| ●パイシート（冷凍） | | |
| ほうれんそうとベーコンのキッシュ | 33 | |
| ●薄力粉 | | |
| いちごのクラフティ | 84 | |
| マーブルケーキ | 85 | |
| にんじんパンケーキ | 85 | |
| ガトーショコラ | 86 | |
| ●ハム、ウインナー、ベーコン、チャーシュー | | |
| エッグベネディクト | 23 | |
| じゃが芋入りキャベツとウインナーのスープ | | |
| | 25 | |
| リース形ポテトサラダ | 29 | |
| ほうれんそうとベーコンのキッシュ | 33 | |
| えびとウインナーのマカロニグラタン | 35 | |
| ブロッコリーとウインナーの中華すっぱあん | | |
| | 64 | |
| なすのペンネアラビアータ | 71 | |
| きのこの中華風炊き込み飯 | 74 | |
| 帆立てとしめじのチャウダー | 79 | |
| ポトフ | 83 | |
| ●春巻きの皮 | | |
| 蒸し春巻き | 15 | |
| ●ビスケット | | |
| バナナとヨーグルトのアイスクリーム | 86 | |
| ●マカロニ | | |
| えびとウインナーのマカロニグラタン | 35 | |
| ●ヨーグルト | | |
| アサイーボウル | 22 | |
| 柿とさつま芋のサラダ | 76 | |
| にんじんパンケーキ | 85 | |
| バナナとヨーグルトのアイスクリーム | 86 | |

## ご飯、米

| | | |
|---|---|---|
| 手作りトマトソースのオムライス | 19 | |
| 豆もやしの混ぜご飯 | 21 | |
| ライスサラダ | 25 | |
| 韓国風焼き肉カップ寿司 | 34 | |
| サーモンとチーズの彩り寿司 | 34 | |
| ひじきの混ぜご飯 | 59 | |
| れんこんの炊き込みご飯 | 72 | |
| タコライス | 72 | |
| グリーンカレー | 73 | |
| ちりめんじゃこのチャーハン | 73 | |
| きのこの中華風炊き込みご飯 | 74 | |
| まぐろアボカド丼 | 74 | |

## パン

| | | |
|---|---|---|
| ●イングリッシュマフィン | | |
| エッグベネディクト | 23 | |
| ●バゲット | | |
| トマトのブルスケッタ | 29 | |

| | | |
|---|---|---|
| ちりめんじゃこのブルスケッタ | 30 | |

## パスタ

| | | |
|---|---|---|
| ボロネーゼ | 68 | |
| たこのラグーパスタ | 69 | |
| サーモンのクリームパスタ | 69 | |
| かきのパスタ | 70 | |
| 帆立て貝と枝豆の冷製サラダパスタ | 71 | |
| なすのペンネアラビアータ | 71 | |

## 果物

| | | |
|---|---|---|
| ●アサイー | | |
| アサイーボウル | 22 | |
| ●アボカド | | |
| トマトとアボカドのさっぱりサラダ | 15 | |
| アボカドの塩昆布和え | 61 | |
| タコライス | 72 | |
| まぐろアボカド丼 | 74 | |
| チキンのハニーマスタードサラダ | 76 | |
| ●いちご | | |
| いちごのクラフティ | 84 | |
| ●オレンジ | | |
| りんご、バナナ、オレンジのスムージー | 23 | |
| ●柿 | | |
| 柿とさつま芋のサラダ | 76 | |
| ●キウイ | | |
| パイナップルとキウイのスムージー | 22 | |
| ●すだち | | |
| さばの塩麹焼き | 53 | |
| ●パイナップル | | |
| パイナップルとキウイのスムージー | 22 | |
| ●バナナ | | |
| アサイーボウル | 22 | |
| りんご、バナナ、オレンジのスムージー | 23 | |
| バナナとヨーグルトのアイスクリーム | 86 | |
| ●ブルーベリー | | |
| アサイーボウル | 22 | |
| ●ゆず | | |
| さわらの幽庵焼き | 53 | |
| ●りんご | | |
| りんご、バナナ、オレンジのスムージー | 23 | |
| ●レーズン | | |
| 柿とさつま芋のサラダ | 76 | |
| ●レモン | | |
| 豚のネギレモン | 38 | |
| バナナとヨーグルトのアイスクリーム | 86 | |

## 飲み物

| | | |
|---|---|---|
| ●赤ワイン | | |
| ホットワイン | 30 | |
| 牛肉の赤ワイン煮 | 44 | |
| ボロネーゼ | 68 | |
| ●オレンジジュース | | |
| ホットワイン | 30 | |

## 料理を始める前に

### 計量の単位

カップ1 = 200ml
小さじ1 = 5ml
大さじ1 = 15ml

少々 = 親指と人差し指の2本でつまむ程度の量
適量 = ちょうどよい量を加減して入れる
適宜 = 好みやあれば入れるもの

- 電子レンジは600Wのものを基準としています。500Wの場合は加熱時間を1.2倍にしてください。
- 洋風スープの素はおもにチキンコンソメを使用しています。
- 中華料理のうまみ出しには、基本的には鶏がらスープの素を、うまみをしっかり出したいときは中華スープの素を使用しています。好みで使い分ければOK。
- スープの素は製品によって塩分が異なるので、味見しながら調節してください。
- フライパンはフッ素樹皮加工のものを使用しています。
- オーブンは電気オーブンを使用しています。ガスオーブンの場合は設定温度を10～20℃下げるなどの調節をしてください。

---

「一緒に覚えましょう」

## 和食の味の基本
# かつおと昆布のだしの引き方

この本で「だし汁」と表記されているものは、下で紹介する「かつおと昆布のだし汁」を使っています。和食以外にも使えるのでぜひ覚えて。

● だし汁の材料（作りやすい分量）
昆布 ………… 8g
かつお節 … 20g
水 …… カップ4

### 1 昆布はうまみが出やすいよう小さめに切って

昆布は3～4cm角に切り、さらに端にはさみで切り目を入れておくとだしが出やすくなります。

### 2 昆布と水を鍋に入れて弱火で煮出す

水と昆布を鍋に入れて10～15分煮出す。昆布のうまみ成分は60℃で溶け出すのでごく弱火で。

### 3 火加減を強めてかつお節を入れる

昆布を取り出して火を強め、沸騰直前にかつお節を一気に入れます。かつお節はたっぷりと。

### 4 火を止めてかつお節を軽く押さえる

かつお節を入れたら煮立つ前に火を止め、菜ばしでかつお節を軽く沈めて5～10分置きます。

### 5 かつお節が沈んだらざるに上げてこす

かつお節が沈んだら、キッチンペーパーを敷いたざるに上げて、だし汁をこしていきます。

### 6 残ったかつお節をしぼって完成

キッチンペーパーに残ったかつお節を軽くしぼって完成。きちんと引いただしは格別の味！

※ **だし汁がない時は顆粒だしでもOK**
市販の和風だしは塩分が含まれているものがあるので、使用する場合は味をみながら塩分を調整してください。

### 私のおすすめ
**昆布水**

切った昆布を水に浸けておくだけで手軽にだしが取れます。この昆布水を水がわりに使えばお料理がグッとおいしくなりますよ。冷蔵庫で約10日保存可能。
茶こし付き角型サーバー（昆布水ポット）/iwaki

細かく切った市販の昆布を使うと、よりお手軽です。昆布革命 上方仕立て／天満大阪昆布

# そのまま作ればOK!
# シーン別メニュー

毎日の献立って悩みますね。私も試行錯誤を繰り返して、ようやくその組み合わせ方がわかってきました。わが家の食卓にもよく並び、ブログでもたくさんコメントをいただいた献立をご紹介します。ぜひ作ってみてください。

# 20分でできる魚の献立

何品ものおかずを同時進行で作り、どの料理もできたてを食卓に出せるように心がけているというゆうこりん。いつも行っている手順で魚の献立を作ってもらいました。この通りに行えば4品が同時に完成！　手際のよさと時短ポイントにも注目を。

> Today's Menu
> かじきのしょうゆレモンバター
> トマトとちりめんじゃこのサラダ
> じゃが芋とわかめのみそ汁
> 白米のご飯

お野菜から始めまーす

## 1 みそ汁　じゃが芋を切る

みそ汁用のじゃが芋は火が通りやすいよう、薄めの半月切りにしてたっぷりの水にさらして。乾燥わかめは水につけて戻します。

## 2 サラダ　トマトと大葉を切る

次にサラダ用のトマトと大葉を切ります。大葉は切りやすいよう、くるくると丸めてせん切りに。かじきにのせる大葉も一緒に切り、その分は取っておいて。

## 6 かじき　かじきを焼く

フライパンに油を入れて熱し、かじきを焼きます。火加減は中火で。かじきは焼き色がつくまでいじらないようにしましょう。

焼けたかな？

かじきの焼き色をチェックしながら、みそ汁用のだし汁にじゃが芋を入れ火にかけます。

## 7 かじき　皿にとって油をふく

焼けたかじきは盛りつける皿に取って、キッチンペーパーでフライパンの汚れをふき取っておきます。

## 8 かじき　しめじをほぐして焼く

フライパンに油を足して中火にかけ、しめじをほぐしながら入れて炒めます。

しめじがしんなりしたら、調味料を順に入れ、混ぜながら少し汁けをとばします。

4品はこんな手順で作っています♥
参考にしてください

| | スタート | 5分 | 10分経過 | 15分 | 20分で完成! |
|---|---|---|---|---|---|
| かじきのしょうゆレモンバター | | しめじの根元を切る / かじきに塩、こしょう、薄力粉をまぶす | かじきを焼く | 皿に盛る / しめじのソースを作る | しめじのソースをかける |
| トマトとちりめんじゃこのサラダ | トマトと大葉を切る | 調味料で材料を和える 冷蔵庫で冷やす | | | 冷蔵庫から取り出す |
| じゃが芋とわかめのみそ汁 | じゃが芋を切る | | だし汁とじゃが芋を火にかける | わかめを入れてみそで仕上げ | お椀に盛る |
| 白米のご飯（といで浸水させておく） | 炊く（あらかじめ炊飯器のスイッチを入れておく） | | | | 炊きあがり |

## 3 サラダ
### 調味料を入れて和える

ボウルにサラダ用の調味料を入れて混ぜ合わせ、トマトと大葉、ちりめんじゃこを加えて和えます。ラップをかけて冷蔵庫へ入れて。

## 4 かじき
### しめじの根元を切る

かじきのソースの具材となるしめじの根元を切り落とします。材料を切る作業はこれで終わり。まな板も片づけてしまえば、後片づけも楽ちん。

## 5 かじき
### 塩、こしょう、薄力粉をまぶす

バットや平たい皿にかじきをのせ、塩、こしょうをふって薄力粉をムラなくまぶします。これで香ばしく焼き上がり、ソースのからみもよくなります。

## 9 みそ汁
### わかめを入れて、みそで仕上げ

味はどうかな？

じゃが芋がやわらかくなったら、わかめを加えます。みそはだし汁を小さな器に少し取り、溶いてから鍋に加えるとダマになりにくくすぐ溶けます。

## 10 盛りつけ

かじきにソースをかけて、取っておいた大葉を散らして。サラダも冷蔵庫から出します。

できました♪

どんな献立が完成したのか、次のページをチェック！

## 20分でできる魚の献立

かじきのしょうゆレモンバター

トマトとちりめんじゃこのサラダ

じゃが芋とわかめのみそ汁

白米のご飯

献立の組み立て方ってけっこう難しいですよね。私はなるべく食材や味つけがかぶらないように心がけて作っています。食材の彩りのよさや盛りつけ方、器も大切ですね。

**ブログエピソード**

この日のメニューは鯖のトマトポン酢、じゃが芋のチーズ焼き、アスパラの胡麻マヨ和え、茄子のおみそ汁。レンジやオーブンを活用して、３０分もかからない時短メニューでした♪

### 献立の組み合わせのコツ

**1**
主菜、副菜、汁物、ご飯。この4品が基本！

**2**
なるべくおかずの味がかぶらないようにする

**3**
食感の違いが楽しめる組み合わせにする

## Menu 01
### 20分でできる魚の献立

レモンの酸味とバターのコクが絶妙にマッチ
### かじきのしょうゆレモンバター

#### 材料(2人分)
| | |
|---|---|
| かじき(切り身) | 2切れ(160g) |
| しめじ | 1パック(100g) |
| 大葉 | 適量 |
| A 酒 | 大さじ1 |
| A しょうゆ | 大さじ1 |
| A バター | 大さじ1 |
| A レモン汁 | 大さじ1 |
| 薄力粉 | 適量 |
| オリーブオイル | 大さじ1 |
| 塩、こしょう | 各少々 |

#### 作り方
1. かじきは塩、こしょうをふってから薄力粉を薄くまぶし、よぶんな粉は落とす。しめじは石づきを切り落としてほぐし、大葉はせん切りにする。
2. フライパンに油大さじ1/2を熱し、かじきを入れて中火で焼く。焼き色がついたら裏返して弱火で蓋をして2～3分焼き、取り出して器に盛る。
3. フライパンの汚れをふいて油大さじ1/2を足し、しめじを入れてしんなりするまで中火で炒める。Aを順に加えて調味し、汁けを少しとばす。
4. ②に③をかけて、大葉をのせる。

**Yuko's comment**
お魚料理ってなんとなくハードルが高いイメージがあるかもしれませんが、切り身を使えば簡単ですよ。ぜひ作ってみてくださいね♪

---

ごま油と大葉の風味が効いたあっさりとしたおいしさ
### トマトとちりめんじゃこのサラダ

#### 材料(2人分)
| | |
|---|---|
| トマト | 1個(200g) |
| ちりめんじゃこ | 大さじ1(5g) |
| 大葉 | 3枚 |
| A しょうゆ | 小さじ1 |
| A 酢 | 大さじ1/2 |
| A 砂糖 | 小さじ1/2 |
| A ごま油 | 大さじ1/2 |

#### 作り方
1. トマトは6等分のくし形切りにして、さらに長さを半分に切る。大葉はせん切りにする。
2. ボウルにAと①、ちりめんじゃこを入れて和え、時間があれば冷蔵庫に入れて味をなじませる。

---

やわらかなじゃが芋が口の中でほろっとくずれる
### じゃが芋とわかめのみそ汁

#### 材料(2人分)
| | |
|---|---|
| じゃが芋 | 1個(150g) |
| わかめ(乾燥) | 小さじ1(2g) |
| みそ | 大さじ2 |
| だし汁 | カップ2 |

#### 作り方
1. じゃが芋は皮をむく。7mm幅の半月切りにして、水に5分ほどさらして水けをきる。わかめは水で戻す。
2. 鍋にだし汁とじゃが芋を入れて火にかけ、煮立ったら蓋をして弱火で6～7分、じゃが芋がやわらかくなるまで煮る。
3. ②にわかめを加えたら火を止めて、みそを溶き入れる。

# 旦那さんのためのヘルシー献立

蒸し春巻き

トマトとアボカドのさっぱりサラダ

あさりとキャベツのピリ辛スープ

五穀米のご飯

**ブログエピソード**

旦那さんが以前、体重が増えたことを気にしていたとき、ダイエットに協力するために考えたヘルシー献立です。春巻きは揚げずに蒸して、サラダやスープを添えました。旦那さんが辛いもの好きなので、スープはちょっとピリ辛味に。

同じく旦那さんのダイエット中に作ったお夕飯、「鶏肉のフォーとトムヤムクン」。スープには低カロリーなえびとたっぷりのきのこを入れて。旦那さんはフォーの麺は食べずに、具とスープだけ食べていました。

**野菜ごと食べてもOK！**

春巻きを巻く葉物野菜は、サニーレタスのほかサンチュもおすすめです。蒸し器にくっつくことなく、もっちりと仕上がります。蒸しあがったら、野菜に包んだまま食べてもおいしい。

## Menu 02
### 旦那さんのためのヘルシー献立

蒸したてのもちもち食感を味わって
### 蒸し春巻き

#### 材料(2人分)
- 豚ばら肉(薄切り) …… 80g
- しいたけ …… 2個
- 長ねぎ …… 5cm(8g)
- もやし …… 1/4袋(50g)
- 春巻きの皮 …… 4枚
- A
  - しょうがのみじん切り …… 小さじ1
  - 甜麺醤(テンメンジャン) …… 小さじ1
  - 塩 …… ふたつまみ
  - 酒 …… 大さじ1/2
  - ごま油 …… 小さじ1
- 薄力粉 …… 大さじ1
- サニーレタス …… 6～7枚

#### 作り方
1. 豚肉は細切りにし、しいたけは軸を取って薄切りに。長ねぎは縦半分に切ってから、ななめ薄切りにする。
2. ボウルに豚肉とAを加えてよく和える。肉に調味料がなじんだら、しいたけ、長ねぎ、もやしも加えて混ぜる。
3. 薄力粉は水大さじ2(分量外)を加えてよく溶かす。
4. 春巻きの皮を広げ、4等分した②を手前にのせて通常の春巻きのように包む。巻き終わりの端の内側には③をつけて接着する。
5. 春巻き1本につきサニーレタス1枚で軽く包んだものを、蒸気の上がった蒸し器にやや間隔をあけてのせ、強火で4～5分蒸す。
6. 器に食べやすくちぎったサニーレタスを敷き、⑤の春巻きだけを半分に切ったものをのせる。

---

パリパリ&やわらかな
食感の違いが楽しい
### トマトとアボカドの さっぱりサラダ

#### 材料(2人分)
- トマト …… 1個(200g)
- きゅうり …… 1本
- アボカド …… 1個
- レモン汁 …… 大さじ1/2
- A
  - しょうゆ …… 小さじ2
  - 砂糖 …… 大さじ1
  - 酢 …… 大さじ1
  - ケチャップ …… 小さじ1
  - ごま油 …… 大さじ1/2
- 塩、こしょう …… 各少々

#### 作り方
1. トマト、きゅうり、アボカドは食べやすい大きさの乱切りにする。アボカドにはレモン汁をまぶす。
2. ボウルにAを入れてよく混ぜ、①を加えてよく和える。30分ほど冷蔵庫に入れ、味をなじませる。

---

シンプルだけどうまみ豊富で
しみじみおいしい
### あさりとキャベツの ピリ辛スープ

#### 材料(2人分)
- あさり …… 200g
- キャベツ …… 2枚(100g)
- しょうがのみじん切り …… 小さじ1
- にんにくのみじん切り …… 小さじ1/2
- 酒 …… 大さじ2
- A
  - 中華スープの素 …… 小さじ1/2
  - 豆板醤(トウバンジャン) …… 小さじ1/2
  - しょうゆ …… 大さじ1/2
- サラダ油 …… 大さじ1/2
- 青ねぎの小口切り …… 適宜

#### 作り方
1. あさりは濃いめの塩水(分量外)に1～2時間ほどつけて砂抜きをし、水洗いして水けをきる。キャベツは2cm角に切る。
2. 鍋に油としょうが、にんにくを入れて弱火にかける。香りが立ったらあさりを入れて酒を加え、蓋をして強火で2～3分蒸し焼きにする。あさりは口が開いたら取り出す。
3. ②の鍋に水カップ2(分量外)を注いで火にかけ、煮立ったらAとキャベツを加えて中火で煮る。キャベツがしんなりしたらあさりを戻し入れ、ひと煮立ちしたら器に盛り、好みで青ねぎを散らす。

# 体にやさしい和食の献立

みそバター肉じゃが

春菊とねぎのポン酢和え

大根と油揚げのみそ汁

和食の献立って食べるとホッと心がなごみますよね。子どものころからなじみのある定番のおかずを組み合わせて、私もよく作っています。肉じゃがは、味つけにおみそとバターを加えてちょっとアレンジ。肉じゃがのバリエーションが広がりました。

### ブログエピソード

以前、上の献立に焼きほっけを加えたものをブログにもアップしました。肉じゃがの作り方を書き添えたのですが「バターのコクがとてもいい！」「みそ味の肉じゃががおいしい」などの反響がたくさんありました。

## MENU 03
### 体にやさしい和食の献立

おなじみの定番おかずをみそバターでアレンジ
### みそバター肉じゃが

#### 材料(2人分)
| | |
|---|---|
| 豚こま切れ肉 | 100g |
| じゃが芋 | 小3個(300g) |
| にんじん | 1本(200g) |
| 玉ねぎ | 1/2個(100g) |
| A だし汁(または水) | カップ2/3 |
| A 酒 | 大さじ1 |
| A みりん | 大さじ1 |
| A 砂糖 | 大さじ1 |
| A しょうゆ | 大さじ1 |
| みそ | 大さじ1 |
| バター | 大さじ1 |
| サラダ油 | 大さじ1/2 |

#### 作り方
1. じゃが芋は皮をむいて一口大に切り、水に10分ほどさらして水けをきる。にんじんは乱切りに、玉ねぎは2cm幅ほどのくし形切りにする。
2. フライパンに油を熱し、中火で豚肉を炒める。肉の色が変わったら、①も加えて炒める。
3. 玉ねぎがしんなりしたら、Aを加える。煮立ったら蓋をして弱火で10分ほど煮る。
4. ③の煮汁大さじ2でみそを溶いてフライパンに入れ、再び煮立ったら蓋をして弱火で5分ほど煮る。煮汁が多かったら強火にして煮汁を飛ばし、仕上げにバターを入れて混ぜる。

---

さっぱりと、箸休めになる小さなおかず
### 春菊とねぎのポン酢和え

#### 材料(2人分)
| | |
|---|---|
| 春菊 | 1束(150g) |
| 長ねぎ | 5cm(8g) |
| いりごま(白) | 小さじ1 |
| ポン酢 | 大さじ1 |

#### 作り方
1. 春菊は茎部分を切り、葉と分ける。長ねぎは縦半分に切り、芯を取って斜め薄切りにする。
2. 鍋に熱湯を沸かして春菊の茎を入れ、ひとゆでしたら葉を入れる。好みのかたさにゆで、冷水に取る。茎は2cm長さの斜め切りに、葉は3cm長さに切り、ギュッとしぼって水けをしっかりきる。
3. ボウルに②を入れ、長ねぎとごま、ポン酢を加えて混ぜ合わせる。

口にするとホッとなごむ昔ながらの具
### 大根と油揚げのみそ汁

#### 材料(2人分)
| | |
|---|---|
| 大根 | 3cm(80g) |
| 油揚げ | 1/2枚 |
| みそ | 大さじ2 |
| だし汁 | カップ2 |

#### 作り方
1. 大根は皮をむいて拍子木切りに、油揚げは3cm長さの細切りにする。
2. 鍋にだし汁、大根、油揚げを入れて火にかけ、煮立ったら蓋をして弱火で5～6分煮る。
3. 火をとめてみそを溶き入れる。

# 作って！とせがまれる洋食の献立

手作りトマトソースのオムライス

たことセロリのサラダ

ヴィシソワーズ

オムライスもブログでレシピを公開したらとても反響があって、「ぜひ本にも載せて！」というリクエストが多かったメニュー。トマトソースがおいしいです。

## ブログエピソード

この日の組み合わせは手作りトマトソースのオムライスとハムのマリネ、帆立てチャウダーでした。トマトソースは朝から仕込んでおいたもの。旦那さんも喜んでくれました。

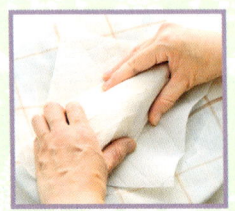

### オムライスをきれいに仕上げるには

オムライスをお皿に盛ったら、上からキッチンペーパーで押さえて形を整えます。多少形が崩れても、この方法で整えられるので大丈夫。

## MENU 04
### 作って！とせがまれる洋食の献立

ケチャップで作るチキンライスより
断然おいしい！
### 手作りトマトソースの
### オムライス

● 手作りトマトソース

**材料(作りやすい分量)**
トマト水煮缶(カットタイプ)
　　　　　　　　　1缶(400g)
玉ねぎ ……… 1/2個(100g)
にんにくのみじん切り
　　　　　　　　　　小さじ1
A　砂糖 ……… 大さじ1
　　塩 ………… 小さじ1
　　こしょう …… 少々
　　ローリエ …… 1枚
オリーブオイル … 大さじ1

**作り方**
① 玉ねぎはみじん切りにする。
② フライパンにオリーブオイルとにんにくを入れて弱火にかけ、香りが立ったら玉ねぎを入れて中火で炒める。
③ 玉ねぎが透き通ってきたら、トマト缶、A、ローリエを入れ、煮立ったら蓋をして弱火で40分ほど煮る。蓋を取って中火にし、混ぜながら水分がとぶまで煮る。

**Yuko's comment**
トマトソースが余ったら、ラップに包んで冷凍保存しておくと便利です。オムライスのほか、ナポリタンなどにも使えます。冷凍庫で10日ほど保存可能です。

● オムライス

**材料(2人分)**
卵 ……………………… 4個
牛乳 ……………… 小さじ2
オリーブオイル … 大さじ1
塩、こしょう ……… 少々
トマトソース ……… 適量

チキンライス
あたたかいご飯 … 茶碗2杯分(300g)
鶏もも肉 …………………… 100g
玉ねぎ ……………… 1/2個(100g)
エリンギ ………… 1パック(100g)
トマトソース ………… 大さじ5〜6
オリーブオイル ………… 小さじ1
塩、こしょう …………… 各少々

**作り方**
① チキンライスを作る。鶏肉は塩、こしょう各少々をふり、エリンギとともに1cm角に切る。玉ねぎはみじん切りにする。
② フライパンにオリーブオイルを熱し、鶏肉を入れて中火で炒める。肉の色が変わったら、玉ねぎとエリンギを加えて中火で炒め、しんなりしたらご飯を加えてほぐすように炒める。
③ ②にトマトソースを加え、全体にからむように炒め、塩、こしょう各少々で味を調える。
④ ボウルに卵2個を割り入れ、牛乳と塩少々を加えて溶きほぐす。
⑤ フライパンにオリーブオイル大さじ1/2を入れて中火で熱し、卵液を流し入れて全体を大きく混ぜる。半熟状になったら火を止める。
⑥ チキンライスの半量を卵の中央にのせ、両端の卵をかぶせてチキンライスを包む。皿をかぶせ、フライパンをひっくり返して盛りつける。形がくずれたら、キッチンペーパーをかぶせて上から形を整える。もう1人前も同様に作り、好みでトマトソースをかける。

レモン＋バルサミコ酢の
複雑な酸味が後を引く
### たことセロリの
### サラダ

**材料(2人分)**
ゆでだこ ………………………… 100g
セロリ …………………… 小1本(80g)
A　レモン汁 …………………… 大さじ1
　　バルサミコ酢 ……………… 小さじ1
　　オリーブオイル …………… 大さじ1
　　塩、こしょう ……………… 各少々
　　白ワインビネガー ………… 小さじ1

**作り方**
① たこは1cm幅に切り、大きいものはさらに半分に切る。セロリは筋を取って1cm幅に切る。
② ボウルにAを入れて混ぜ、①を加えて混ぜ合わせる。

玉ねぎ＆長ねぎを
炒めるから
甘みとうまみが倍増
### ヴィシソワーズ

**材料(2人分)**
じゃが芋 ……………… 1個(150g)
玉ねぎ ………………… 1/4個(50g)
長ねぎ …………………… 5cm(8g)
牛乳 ………………………… カップ1
バター ……………………… 大さじ1
洋風スープの素 ………… 小さじ1/2
塩、こしょう ……………… 各少々
イタリアンパセリ ………… 適宜

**作り方**
① じゃが芋は皮をむいて縦半分に切って薄切りにし、水に5分さらして水けをきる。玉ねぎは薄切りにする。長ねぎは小口切りにする。
② 鍋にバターを入れて火にかけ、バターが溶けたら玉ねぎと長ねぎを入れて、弱火で5分以上じっくり炒める。
③ 全体がしんなりしたらじゃが芋を加えて炒める。油が回ったら水カップ1、洋風スープの素を加え、煮立ったら蓋をして弱火で10分ほど煮る。
④ じゃが芋がやわらかくなったら、火からおろして冷まし、ミキサーに入れてなめらかになるまで攪拌する。
⑤ ④を鍋に戻し牛乳を加えて混ぜ、塩、こしょうで味を調える。冷蔵庫で冷やして器に盛り、好みでみじん切りのイタリアンパセリを散らす。

# ご飯がすすむ中華の献立

ブロッコリーのオイスターソース

くずし豆腐のスープ

豆もやしの混ぜご飯

麻婆(マーボー)なす

旦那さんが辛いもの好きなこともあって麻婆なすはよく作ります。なすやパプリカを大きめに切って、歯ごたえよく仕上げるのがこだわり。ご飯もすすみますよ。主菜がピリ辛なので、スープはやさしい味つけに。ご飯にも豆もやしを混ぜて野菜もたっぷり。

ブログエピソード

ブログにも何回か登場しています。特に暑い夏によく作りました。読者の皆さんからも「パプリカを入れるのはいいですね」などのコメントをいただきました。

## MENU 05
### ご飯がすすむ中華の献立

隠し味の黒酢がうまみをアップ！
野菜もたっぷり
#### 麻婆なす

**材料(2人分)**

| | |
|---|---|
| 豚ひき肉 | 80g |
| なす | 3本 |
| ピーマン(大) | 1個 |
| パプリカ(赤) | 1/2個(80g) |
| A 長ねぎのみじん切り | 大さじ3 |
| にんにくのみじん切り | 小さじ1 |
| しょうがのみじん切り | 小さじ1 |
| 豆板醤(トウバンジャン) | 小さじ1/2〜1 |
| B 甜麺醤(テンメンジャン) | 大さじ2 |
| しょうゆ | 大さじ1/2 |
| 砂糖 | 小さじ1 |
| 酒 | 大さじ1 |
| 鶏がらスープの素 | 小さじ1 |
| 片栗粉 | 小さじ2 |
| 黒酢(あるいは酢) | 小さじ1 |
| ごま油 | 小さじ1 |
| サラダ油 | 大さじ2と1/2 |

**作り方**

1. なすは縦に6等分する。ピーマンとパプリカはへたと種をのぞき、縦に1cm幅の細切りにする。
2. フライパンにサラダ油大さじ2を入れて熱し、なすを入れて中火で炒める。全体に油が回ったらピーマン、パプリカを加えて弱火にし、ふたをしてしんなりするまで数分蒸し焼きにしたあと取り出す。
3. ②のフライパンにサラダ油大さじ1/2を足して熱し、ひき肉を入れ中火でほぐすように炒める。色が変わったら、Aを加えさらに炒める。
4. 香りが立ったら豆板醤を入れて炒め、水カップ1(分量外)とBを加えて煮立たせる。
5. ④に②を加えて混ぜたらいったん火を止め、水大さじ1で溶いた片栗粉を回し入れてよく混ぜる。再び中火にし、ひと煮立ちさせたら黒酢とごま油を加える。

ゆでてにんにく風味の
ソースをかけるだけ
#### ブロッコリーのオイスターソース

**材料(2人分)**

| | |
|---|---|
| ブロッコリー | 1/2株(100g) |
| にんにくのみじん切り | 小さじ1 |
| オイスターソース | 大さじ1/2 |
| サラダ油 | 小さじ1 |

**作り方**

1. ブロッコリーは小房に分けて色よくゆで、ざるにあげて水けをきる。
2. フライパンに油とにんにくを入れて弱火で熱し、香りが立ったら中火にする。水カップ1/3(分量外)、オイスターソースを加えて全体が混ざったら火を止める。
3. ブロッコリーを器に盛り、②をかける。

豆腐と溶き卵がふわとろの
やさしい口当たり
#### くずし豆腐のスープ

**材料(2人分)**

| | |
|---|---|
| 木綿豆腐 | 1/2丁(150g) |
| しいたけ | 2個 |
| 卵 | 1個 |
| 青ねぎ | 少々 |
| A 中華スープの素 | 小さじ1 |
| 酒 | 大さじ1 |
| 片栗粉 | 小さじ1 |
| 塩、こしょう | 各少々 |

**作り方**

1. しいたけは軸を取って薄切りにする。卵は溶き、青ねぎは小口切りにする。
2. 鍋に水カップ2(分量外)とA、しいたけ、塩、こしょうを入れて中火にかけ、煮立ったら蓋をして弱火で2〜3分煮る。
3. ②に豆腐を手でくずしながら入れる。火を止め、水小さじ1で溶いた片栗粉を回し入れ、よく混ぜてとろみをつける。
4. 再び火にかけ、溶き卵を流し入れる。卵がふわっと浮いてきたら軽く混ぜて火からおろし、器に盛って青ねぎを散らす。

ごま油が効いた豆もやしの
シャキシャキ食感が美味
#### 豆もやしの混ぜご飯

**材料(2人分)**

| | |
|---|---|
| あたたかいご飯 | 茶碗2杯分(300g) |
| 豆もやし | 1/2袋(100g) |
| A 長ねぎのみじん切り | 大さじ1 |
| ごま油 | 大さじ1/2 |
| 塩 | 小さじ1/4 |
| こしょう | 少々 |

**作り方**

1. 豆もやしは熱湯で1〜2分ゆでる。
2. ①をざるにあげて水けをきり、ボウルに入れてAを加えてよく混ぜる。ご飯も加えて混ぜ合わせる。

## きれいになれる朝ご飯 1

MENU 06

パイナップルとキウイのスムージー

アサイーボウル

アサイーはハワイにおいしいお店があって、そこで食べて以来、おいしさにハマってしまいました。美容にもいいと聞き、朝食メニューにもときどき取り入れています。

**これがおすすめ**

アサイーは無糖の冷凍食品を使っています。「フルッタフルッタ」というメーカーのもの。

---

アントシアニンなど
美容にいい成分がいっぱい！
### アサイーボウル

**材料（2人分）**

A
- アサイーピューレ ……………… 100g
- プレーンヨーグルト
  …………… 大さじ3と1/2（50g）
- バナナ ………………… 1/2本（50g）
- はちみつ …………………… 大さじ1

ブルーベリー、バナナ、いちご、シリアル、はちみつ …………………………… 各適宜

**作り方**

① Aをミキサーにかけてなめらかになるまで撹拌する。

② 器にシリアルを好みの量だけ敷き、①をかける。食べやすく切ったフルーツをのせ、はちみつをかける。

---

ビタミンCたっぷり！
さわやかな酸味で朝からすっきり
### パイナップルと
### キウイのスムージー

**材料（2人分）**
- 小松菜 …………………… 1/3束（100g）
- パイナップル …………………… 1/6個（100g）
- キウイ（皮をむく） …………… 1個（100g）

**作り方**

① 小松菜とパイナップル、キウイはざく切りにして、氷2個と冷水カップ1/2（ともに分量外）とともにジューサーに入れて撹拌する。

**ブログエピソード**

**ハワイで出合った
アサイーのおいしさ**

初めてアサイーボウルを食べたのはハワイ。サクサクのグラノーラにほどよい酸味のアサイーがかかっていて、はちみつとの相性も抜群でした♥

## きれいになれる朝ご飯 2

### MENU 07

りんご、バナナ、オレンジのスムージー
ほうれんそうのソテー
フライドポテト
エッグベネディクト

---

フルーティーでほんのり甘く
くせのない味わい

### りんご、バナナ、オレンジのスムージー

#### 材料(2人分)
- 小松菜 ……………… 1/4束(80g)
- りんご ……………… 1/2個(100g)
- バナナ ……………… 1/2本(50g)
- オレンジ …………… 1/2個(60g)

#### 作り方
① 小松菜は5〜6cm長さに切り、りんご、バナナ、オレンジは皮をむいてざく切りにする。氷2個と冷水カップ1/2(ともに分量外)とともにジューサーに入れて攪拌する。

---

揚げたてのカリカリは
いくらでも食べられるおいしさ

### ● フライドポテト

#### 材料(2人分)
- じゃが芋 …………… 大1個(200g)
- 揚げ油 ……………………… 適量
- 塩 ……………………………… 少々

#### 作り方
① じゃが芋は皮つきのまま8等分のくし形切りにし、170℃に熱した揚げ油に入れて、やわらかくなるまで弱火で10分、強火で2分揚げる。

② 油をしっかりきって塩をふり、器に盛る。

---

女性に不足しがちな鉄分を
朝からしっかり補給！

### ● ほうれんそうのソテー

#### 材料(2人分)
- ほうれんそう ……… 2/3束(160g)
- バター ……………… 大さじ1/2
- 塩、こしょう ……………… 各少々

#### 作り方
① ほうれんそうは熱湯で30秒ほどゆでて、冷水にとって3〜4cm長さに切り、ギュッと水けをしぼる。

② フライパンを熱してバターを溶かし、ほうれんそうを炒める。塩、こしょうで味を調える。

---

アメリカの大人気朝食をおうちで手軽に

### エッグベネディクト

#### 材料(2人分)
- イングリッシュマフィン …… 2個
- スライスベーコン ……………… 2枚
- 溶けるチーズ(スライスタイプ) … 2枚
- 卵 ………………………………… 2個
- A
  - マヨネーズ ……………… 大さじ2
  - 牛乳 ……………………… 大さじ1
  - レモン汁 ……………… 小さじ1と1/2
  - 塩 ………………………………… 少々
  - 砂糖 ……………………… 小さじ1/2
- 塩、こしょう ……………… 各少々

#### 作り方
① ベーコンはマフィンの大きさに合わせて切り、フライパンで焦げないようにカリカリに焼く。

② Aの材料はよく混ぜ合わせる。

③ ポーチドエッグを作る。水カップ2(分量外)を小鍋に入れて火にかけ、沸騰したら酢大さじ2(分量外)を入れる。卵は小さめのボウルに割り入れ、静かに熱湯に落とす。白身をまとめながら、中火で3分ほど加熱する。同様にもうひとつ作る。

④ マフィンは厚みの中央にフォークを刺して半分に割り、内側にバター(分量外)を塗る。マフィンの大きさに合わせて切ったチーズをのせ、トースターでこんがりと焼く。

⑤ ④にベーコンと卵をはさんで器に盛り、②をかけて塩、こしょうをふる。

#### ポーチドエッグの作り方

小さめのフライパン(直径18cm程度)を使うと、うまく作れます。酢を入れた熱湯に卵を静かに落として、スプーンで白身をまとめればOK。

## ワンプレートでも豪華なママランチ会メニュー

じゃが芋入りキャベツとウインナーのスープ

ライスサラダ

サーモンのハンバーグ

### ブログエピソード

これもある日のママ友ランチ会のメニュー。子どもたちと一緒にわが家に来てもらい、子どもたちのお昼寝の間に、ママたちと一緒にパパッと作りました。この日ははるさめやサラダ、蒸し春巻きなどでした。

ママ友だちとのランチ会には、女性に喜んでもらえるような組み合わせを考えます。ヘルシーで美容にもいいサーモンのハンバーグや、さっぱりとしたライスサラダは、ママ友にもおいしいと言っていただけて、とてもうれしかったメニューです。

## Menu 08
## ワンプレートでも豪華なママランチ会メニュー

ディルが香るお豆腐入りのふんわりと軽い食感！
### サーモンのハンバーグ

#### 材料(小さなハンバーグ4個分)
| | |
|---|---|
| 生さけ(切り身) | 2切れ(200g) |
| 木綿豆腐 | 1/2丁(150g) |
| 玉ねぎ | 1/4個(50g) |
| ディル(フレッシュ) | 4~5枝 |
| A みそ | 大さじ1 |
| A マヨネーズ | 大さじ1 |
| A 酒 | 大さじ1 |
| A 片栗粉 | 大さじ2 |
| A 塩、こしょう | 各少々 |
| オリーブオイル | 大さじ1 |

#### 作り方
1. さけは皮と骨を取り、2~3等分に切る。フードプロセッサーに入れ、粗みじんにする(包丁でたたいてもよい)。玉ねぎとディルはみじん切りにする。
2. 豆腐はキッチンペーパーに包み、電子レンジで2分加熱したら水けをきる。
3. ボウルに①と②、Aを入れてムラなく混ぜ、たねを4等分にして空気を抜いたら小判形に成形する。
4. フライパンにオリーブオイルを熱し、③を入れて中火で焼く。焼き色がついたら裏返し、蓋をして弱火で4~5分焼く。

---

女性好みのさっぱり味！見た目もきれい
### ライスサラダ

#### 材料(4人分)
| | |
|---|---|
| あたたかいご飯(水を少なめにして炊いたもの) | 2合分 |
| きゅうり | 1/2本 |
| パプリカ | 1/2個(80g) |
| 玉ねぎ | 1/7個(30g) |
| A バルサミコ酢 | 大さじ1 |
| A レモン汁 | 大さじ2 |
| A バジル(乾燥) | 小さじ2 |
| A 塩 | 小さじ1 |
| A 砂糖 | 小さじ1 |
| A こしょう | 少々 |
| ミニトマト、レモン | 各適宜 |

#### 作り方
1. きゅうり、パプリカは粗みじんに切り、玉ねぎはみじん切りにする。
2. あたたかいご飯をボウルに入れ、Aを加えてよく和える。①も加えて混ぜ合わせる。
3. 器に盛り、あればいちょう切りにしたレモンとミニトマトを添える。

---

じゃが芋のでんぷんで、とろ~りポタージュ状に
### じゃが芋入りキャベツとウインナーのスープ

#### 材料(4人分)
| | |
|---|---|
| A じゃが芋 | 2個(300g) |
| A にんにく | 小ひとかけ |
| A 洋風スープの素 | 小さじ2 |
| キャベツ | 5枚(200g) |
| ウインナーソーセージ | 4本 |
| パセリのみじん切り | 適量 |
| 塩、こしょう | 各少々 |

#### 作り方
1. じゃが芋は皮をむき、縦半分に切ってから薄切りにして、水に10分ほどさらす。にんにくは薄切りにする。キャベツは2cm角に切り、ソーセージは5mm幅に切る。
2. 鍋にAと水カップ4(分量外)を入れて火にかけ、煮立ったら蓋をして弱火で7~8分煮る。
3. じゃが芋がやわらかくなったら火からおろし、粗熱を取ってからミキサーに入れてなめらかになるまで撹拌する。
4. ③を鍋に入れて火にかけ、煮立ったら、キャベツとソーセージを加え、弱火で3~4分煮る。最後に塩、こしょうで味を調える。
5. 器に盛ってパセリを散らす。

## 旦那さんの両親が来たときのおもてなし

筑前煮

ひじきと大根のサラダ

海鮮鍋

「このお鍋には塩麹が入っています。塩麹って便利だけど、中途半端に残って使い切れないこともあるので、お鍋に活用するといいですよ。味もぐんとよくなります。」

そのままでも充分おいしいけど
私のおすすめの"鍋とも"

高知のゆず入りポン酢
酸味もまろやかで美味
さっぱりしているので、お鍋にもよく合いますよ。

### 鍋のシメにはやっぱりこれ！

お鍋は手軽にできてみんなでつつけるし、シメのお楽しみも。わが家は残りのスープにご飯やうどんを入れてお雑炊や煮込みうどんに。

## Menu 09
### 旦那さんの両親が来たときのおもてなし

魚介類と鶏だんごのだしが効いたスープが最高！
### 海鮮鍋

**材料(4人分)**

| | |
|---|---:|
| 金目だい(切り身) | 4切れ |
| 有頭えび | 4尾 |
| 白菜 | 2枚(200g) |
| 水菜 | 1束(200g) |
| えのきだけ | 1袋(100g) |
| 長ねぎ | 1本 |
| 鶏だんご | |
| 　鶏ひき肉 | 200g |
| 　帆立て貝柱 | 2個(60g) |
| 　長ねぎのみじん切り | 大さじ3 |
| 　片栗粉 | 大さじ1 |
| 　酒 | 大さじ2 |
| 　塩 | 小さじ1/4 |
| 塩麴 | 大さじ3〜4 |
| おろししょうが、すだち | 各適宜 |

**作り方**

① 金目だいは食べやすい大きさに切り、熱湯でサッとゆでて冷水に取り、水けをきる。えびは背わたを抜き取り、水洗いして水けを拭き取る。

② 白菜は3〜4cm長さのざく切りに、水菜は根元を切り落として4〜5cm長さに切る。えのきだけも根元を切り落としてほぐし、長ねぎは斜め切りにする。

③ 鶏だんごを作る。帆立て貝柱を5mm角に切ってボウルに入れ、鶏だんごのほかの材料も加えて粘りが出るまでよく混ぜる。

④ 土鍋に水カップ8(分量外)を入れて中火にかけ、煮立ったら塩麴を入れる。③をスプーンですくってだんご状にまとめながら煮汁に落とし、蓋をして弱火で7〜8分煮る。

⑤ ほかの具材も加え各自の好みでスープにおろししょうがやすだちを加えながら、煮えたところから食べる。

---

作ってからしばらく味をなじませたほうが美味
### ひじきと大根のサラダ

**材料(4人分)**

| | |
|---|---:|
| 大根 | 6cm(150g) |
| 乾燥ひじき | 7g |
| 油揚げ | 1枚 |
| 中華スープの素 | 小さじ1/3 |
| A　しょうゆ | 大さじ1と1/2 |
| 　砂糖 | 大さじ1/2 |
| 　酢 | 大さじ1 |
| 　ごま油 | 大さじ1/2 |

**作り方**

① 大根は皮をむいて細切りにする。油揚げは横半分に切って細切りにする。ひじきはたっぷりの水で戻したあと、食べやすい長さに切る。

② ひじきと油揚げは熱湯で1〜2分ゆで、ざるにあげて水けをきる。

③ ボウルに中華スープの素を入れ、熱湯少々(分量外)を加えて溶かす。Aも加えてよく混ぜる。

④ ③に大根、ひじき、油揚げを加えてよく混ぜ、冷蔵庫に入れ30分おいて味をなじませる。

---

どんな年代の人にも愛される和食の定番
### 筑前煮

**材料(4〜5人分)**

| | | | | |
|---|---:|---|---|---:|
| 鶏もも肉 | 小2枚(400g) | | 干ししいたけの戻し汁 | |
| にんじん | 1本(200g) | | 　 | カップ1 |
| ごぼう | 1本(150g) | A | 酒 | 大さじ2 |
| れんこん | 小1節(150g) | | 砂糖 | 大さじ1 |
| いんげん | 4本 | | みりん | 大さじ3 |
| 干ししいたけ | 小8個 | | 昆布(3cm×5cm) | 1枚 |
| こんにゃく | 1枚(150g) | | しょうゆ | 大さじ4 |
| | | | サラダ油 | 大さじ1 |

**作り方**

① 鶏肉はよぶんな脂と皮を取り除き、一口大に切る。こんにゃくはスプーンでちぎって塩少々(分量外)でもみ、熱湯で1〜2分ゆでてざるにあげ、水けをきる。

② にんじんは乱切りにし、ごぼうは3cm幅の斜め切りにして、1〜2分水にさらして水けをきる。れんこんは7mm幅の半月形に切り、1〜2分水にさらして水けをきる。しいたけは水につけて戻し、軸をとって縦半分に切る。

③ フライパンに油を熱し、①を入れて炒める。肉の色が変わったら②を加えて炒め合わせ、混ぜておいたAを注いで昆布を加える。煮立ったら蓋をして、弱火で10分ほど煮る。

④ ③にしょうゆを加えてさらに10分ほど煮たら火を止める。全体に味がからむよう混ぜ、蓋をしてなじませる。サッとゆでて斜め切りにしたいんげんを加える。

## クリスマスパーティーにぴったりなメニュー

フライドチキン

トマトのブルスケッタ

リース形ポテトサラダ

ちりめんじゃこのブルスケッタ

ホットワイン

---

### ブログエピソード

家族のお誕生日などはもちろん、季節ごとのイベントは大切にしています。クリスマスは、12月に入るとツリーを飾ったりして雰囲気作りを。子どもはまだ小さいのですが、楽しい記憶がたくさん残ってくれるといいなと思っています。

これは家族3人で迎える初めてのクリスマスに飾りました。息子が倒さないよう玄関に。

リビングにもリースやキャンドル、小さいツリーなどをたくさん並べて、楽しい雰囲気を盛り上げました。

オーナメントもたくさんつけて。お店にかわいいものがいろいろ並ぶので目移りしますね。

## Menu 10
### クリスマスパーティーにぴったりなメニュー

カリッとして
中はジューシーなおいしさ
### フライドチキン

#### 材料(4人分)
| | |
|---|---|
| 鶏もも肉 | 小2枚 |
| 手羽元 | 8本 |
| ミニトマト | 6個 |
| 卵 | 1個 |
| クレイジーソルト(なければハーブ入りの塩でもよい) | 大さじ1 |
| 薄力粉 | 大さじ4 |
| 揚げ油 | 適量 |

#### 作り方
1. 鶏肉は調理前に冷蔵庫から出し、常温に戻す。よぶんな脂と皮を取り除き、一口大に切る。手羽元は骨と骨の間に包丁で切り目を入れる。
2. ボウルに①を入れ、卵とクレイジーソルトを加えてもみ込む。10分ほどおいてから、薄力粉も加えて衣をまぶす。
3. フライパンの底から半分くらいまで揚げ油を入れて熱し、鶏肉を入れて170℃くらいで揚げる。もも肉は弱火で6分、中火にして2分ほど、手羽元は弱火で8分、中火で3分ほど揚げて取り出す。
4. 油をしっかりきって器に盛り、ヘタを取ったミニトマトを飾る。

ササッとできてワインも進む
軽いおつまみ
### トマトのブルスケッタ

#### 材料(4人分)
| | |
|---|---|
| バゲット | 1/2本 |
| トマト | 1個(150g) |
| バジルの葉(フレッシュ) | 5〜6枚 |
| A バルサミコ酢 | 大さじ1/2 |
| A オリーブオイル | 大さじ1 |
| A 塩 | 小さじ1/4 |
| A こしょう | 少々 |
| オリーブオイル | 少々 |

#### 作り方
1. トマトは半分に切って種をのぞき、1cm角に切る。バジルは粗みじんに切る。
2. ①をボウルに入れてAを加えて混ぜ合わせる。
3. バゲットは7mm幅に切る。オーブントースターでこんがり焼いてオリーブオイルを薄く塗ったら、それぞれに②をのせる。

**Yuko's comment**
焼いてカリカリになったバゲットの食感をキープするためには、トマトの汁けを軽くきってからのせるのがおすすめです。

ポテサラをリースに見立て、
かわいく飾ろう!
### リース形
### ポテトサラダ

#### 材料(4〜5人分)
| | |
|---|---|
| じゃが芋 | 小5個(500g) |
| 玉ねぎ | 1/2個(100g) |
| A 白ワインビネガー(または酢) | 大さじ1 |
| A 塩 | 小さじ1/4 |
| A 砂糖 | ひとつまみ |
| B マヨネーズ | 大さじ4 |
| B 生クリーム | 大さじ1 |
| B こしょう | 少々 |

**【リースの飾り】**
| | |
|---|---|
| ブロッコリー | 1/2個(100g) |
| パプリカ(赤、黄) | 各1/2個 |
| ホールコーン(缶詰) | 大さじ1 |
| ロースハム | 2枚 |
| スライスチーズ | 2枚 |

#### 作り方
1. じゃが芋は皮をむいて1cm幅ほどの半月切りにする。水に10分ほどさらしてざるにあげ、水けをきる。鍋に入れてかぶるくらいの水を注ぎ、蓋をして火にかける。煮立ったら弱火にしてやわらかくなるまで10分ほどゆでる。
2. ①をざるにあげて水けをきり、鍋に戻す。鍋を上下にふって水けをとばし、粉ふき芋にしたら、あついうちにAを加えてよく混ぜる。
3. 玉ねぎは薄切りにして塩小さじ1/2(分量外)をふって10分ほどおき、水で洗って水けをギュッとしぼる。
4. ②の粗熱が取れたら、③とBを加えてよく混ぜる。
5. 飾り用のブロッコリーはサッと塩ゆでして、小さめの小房に分ける。パプリカやハム、チーズは好きな型で抜く。
6. 皿に④をリース形に成形し、⑤とコーンを飾りつける。

#### ⑤のPoint!

**抜き型をうまく使おう**
ハートや星などの抜き型があると、飾りつけのときにとても便利です。お料理がパッと華やかになって、楽しんで食べてもらえますよね。クッキー作りにも使えますよ。

マヨバターと
ちりめんじゃこが好相性
## ちりめんじゃこのブルスケッタ

### 材料（4人分）
| | | |
|---|---|---|
| バゲット | …………… | 1/2本 |
| A | ちりめんじゃこ ……… | 大さじ3 |
| | マヨネーズ …………… | 大さじ1 |
| | バター（室温に戻す）… | 大さじ2 |
| | おろしにんにく ……… | 少々 |

### 作り方
① バゲットは7mm幅に切る。
② Aをボウルに入れてよく混ぜ、①に塗ってオーブントースターでこんがりするまで焼く。

甘くてほんのりシナモンが香る
## ホットワイン

### 材料（4人分）
| | | |
|---|---|---|
| 赤ワイン | ……………… | カップ2 |
| オレンジジュース | … | カップ1/2 |
| シナモンスティック | … | 1本 |
| グラニュー糖 | ………… | 大さじ2〜3 |

### 作り方
① すべての材料と水カップ1/2（分量外）を鍋に入れひと煮立ちさせ、アルコール分をとばす。

### *Yuko's comment*
最近、おうちで炭酸水が作れるソーダマシーンを買いました。専用ボトルに水を入れ、このマシーンにセットするだけ。シロップをこの炭酸水で割ると手軽にソーダができるので、ホームパーティーでも大活躍です。

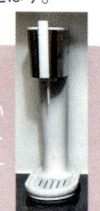

---

## テーブルコーデにひと工夫

ホームパーティーは、お花を飾ったりクロスを替えるなどのひと工夫で、雰囲気がグッと華やかに。お気に入りを紹介します。

★ お気に入りの花屋さんで買った花がテーブルを華やかにしてくれます。

スーパーの帰りに花屋さんで買いました。お花がお家にあると、嬉しいですよね♥

毎月、つきあい始めた記念日の10日にお花をプレゼントしてくれる旦那さん。私の幸せが、自分の幸せと言ってくれるんです。のろけでした（笑）。

★ 旦那さんが毎月プレゼントしてくれるお花もテーブルに♥

帰省中に、旦那さんが実家にお花を送ってくれました。変わらずに大切にしてくれて、幸せです♥

もらったプリザーブドフラワーをきれいに並べています。左は結婚記念日にもらったものです。

### お気に入りの花屋さん

**ル・ベスベ**
まるでパリのような雰囲気がすてきな南青山のお花屋さんです。フラワーコーディネーターとして活躍中の髙橋郁代さんのお店だそうです。繊細で可憐なお花がたくさんあって、選ぶのに迷ってしまいます。
ル・ベスベ　東京都港区南青山7-9-3　☎03-5469-5438　http://www.levesuve.com

**カントリーハーベスト**
こちらも南青山のお店です。「田舎で収穫した花たち」をコンセプトにしていて、ひっそりと野に咲く可憐な草花たちがあります。
カントリーハーベスト　東京都港区南青山3-13-13 1F　☎03-5410-1481
http://www.countryharvest.co.jp

テーブルクロスやペーパーナプキンで食卓を華やかに♥

上のテーブルクロスは「サラグレース青山本店」、下は青山の「マディ」のものです。左のペーパーナプキンは「コントワール・ドゥ・ファミーユ」で見つけました。いろいろな種類をそろえるとテーブルコーディネートの幅が広がります。

# アイデア満載!
# 持ち寄りメニュー

お友達には息子と同じくらいのお子さんがいるママが多いので、みんなで集まるときはどこかのおうちで……ということが多くなります。そんなときに活躍する持ち寄りメニューと、喜んでもらえる持って行き方などを考えました。

## PARTY MENU
## 持ち寄りパーティー

作って行ったらきっと喜ばれる一品と、持って行くときのラッピング法などをご紹介します。

### Yuko's comment
持ち寄りパーティーに参加するときは、あらかじめメニューがかぶらないように確認するとともに、なるべく洗い物が出ないように、小分けにして持って行くなど、うかがうお宅へ負担がかからないようにしています。

**持って行くときはこう！**

**ソースがもれないよう、密閉容器に入れて**
「スペアリブは前の晩から仕込んでおけるので、当日に時間がないときでもおすすめですよ」ソースごと密閉容器に入れてから、かわいい布に包んで行きます。

ふわっとアプリコットが香り、肉質もやわらかに

## スペアリブ

### 材料(作りやすい分量)
| | | |
|---|---|---|
| 骨つき豚肉(スペアリブ用) | … | 1kg |
| A アプリコットジャム | ……… | 200g |
| しょうゆ | ……… | 大さじ4 |
| にんにく | ……… | 2かけ |
| 酒 | ……… | 大さじ4 |
| 豆板醤(トウバンジャン) | ……… | 小さじ1 |
| 塩、こしょう | ……… | 各適量 |
| クレソン、レモン | ……… | 各適宜 |

※お子さんがいる方は豆板醤は入れない作り方がおすすめです。

### 作り方
① 豚肉は全体に塩、こしょうをふる。フライパンに入れ、中火で全体に焼き色がつくまで焼いて取り出す。

② にんにくは皮をむいておく。鍋に①とAを入れて火にかけ、煮立ったら蓋をして弱火で30～40分煮る。蓋をとり、どろっとするまで煮汁をからませながら汁けをとばす。

③ 器に盛り、食べやすく切ったクレソンとレモンを添える。

パーティーメニュー Party Menu

冷凍パイシートを使うからお手軽にできちゃう
## ほうれんそうとベーコンのキッシュ

### 材料(直径18cmの型1台分)
| | |
|---|---|
| 冷凍パイシート(20cm×20cm) | 2枚 |
| ほうれんそう | 1束(180g) |
| スライスベーコン | 2枚(40g) |
| バター | 小さじ1 |
| 塩、こしょう | 各少々 |
| A 卵 | 1個 |
| 　生クリーム | カップ1/2 |
| 　サワークリーム | 50g |
| 　洋風スープの素 | 小さじ1 |

### 作り方
① 冷凍パイシートは冷蔵庫から出し、Aのサワークリームも常温に戻す。オーブンは180℃に予熱する。

② ほうれんそうは熱湯で30秒ほどゆでて、冷水にとって2cm長さに切り、ギュッと水けをしぼる。ベーコンは5mm幅に切る。

③ フライパンにベーコンとバターを入れ、弱火でベーコンがこんがりするまで炒める。ほうれんそうも加えて炒め、塩、こしょうをして取り出す。

④ パイシートは型より大きめになるよう麺棒で延ばし、型の内側に敷く。型からはみ出す部分は切り落とす。

⑤ ボウルにAの卵を割り入れ、ほかの材料も加えてよく混ぜる。③も加えてよく混ぜる。

⑥ ④に⑤を流し入れて、具材を均等にならしたら、オーブンに入れて180℃で30〜40分焼く。

---

**持って行くときはこう！**

**1ピースずつ切り分けてケーキの箱に入れて**

「ケーキボックスなど、平らな箱に入れて持って行くと、形も崩れず安心です」人数に合わせて切り分けておき、ワックスペーパーで軽く包んで。

*Yuko's comment*
「キッシュは人数に合わせて切り分けておけば、うかがったお宅で作業しなくて済みます」ワックスペーパーで軽く包めば見た目もかわいくてGOOD！

# ミニカップの彩り寿司

持って行くときはこう!

先方で洗い物が出ないよう、蓋つき透明カップに入れて

透明で蓋つきのカップに入れると、中身も見えて喜ばれることまちがいなし!「これなら洗い物もしなくていいし、そのまま一人ずつ食べられます」ホームパーティーにうかがうときは、こんな小さな気遣いも大切に。

このラッピングもかわいい!

透明の蓋つきカップがないときは、紙コップに盛りつけてラップをし、ラッピングペーパーとラフィアで飾るとかわいくなります。

## 甘辛く味つけした牛肉が酢飯に合う
### 韓国風焼き肉カップ寿司

材料(6個分)

| | |
|---|---|
| 牛焼き肉用肉 | 100g |
| きゅうり | 1本 |
| たくあん | 50g |
| A しょうゆ | 小さじ1/2 |
| コチュジャン | 小さじ1 |
| 酒 | 小さじ1 |
| 砂糖 | 小さじ1/2 |
| ごま油 | 小さじ1 |
| いりごま(白) | 少々 |

酢飯

| | |
|---|---|
| あたたかいご飯 | 茶碗3杯強(500g) |
| 寿司酢 | 大さじ3 |
| いりごま(白) | 大さじ2 |

作り方

① 酢飯を作る。あたたかいご飯をボウルに入れ、寿司酢を全体にふりかけながら、木べらで切るようにして混ぜる。ごまも加えて混ぜる。

② きゅうりは縦に4等分してから薄切りにする。たくあんは粗みじんに切る。

③ 牛肉は細切りにしてAを混ぜたボウルに入れ、よくもみ込んで下味をつける。フライパンを熱し牛肉を中火で炒める。

④ カップに酢飯をつめ、②と③をのせてごまをふる。

## ディルの風味がさわやか!ケイパーが味のアクセントに
### サーモンとチーズの彩り寿司

材料(6個分)

| | |
|---|---|
| スモークサーモン | 50g |
| クリームチーズ | 30g |
| 玉ねぎ | 1/2個(50g) |
| ケイパー | 18粒 |
| ディル(フレッシュ) | 2〜3枝 |

酢飯

| | |
|---|---|
| あたたかいご飯 | 茶碗3杯強(500g) |
| 寿司酢 | 大さじ3 |

作り方

① 酢飯を作る。あたたかいご飯をボウルに入れ、寿司酢を全体にふりかけながら、木べらで切るようにして混ぜる。

② スモークサーモンは1cm幅に切り、クリームチーズは5mm角に切る。玉ねぎは薄切りにして1分ほど水にさらし、水けをしぼる。ディルは粗みじんに切る。

③ カップの半分まで酢飯を入れ、ディルを散らす。酢飯を重ね、玉ねぎ、サーモン、チーズをのせてケイパーを添える。

パーティーメニュー *Party Menu*

持って
行くときは
こう！

耐熱容器にラップをし、
焼くだけにして持って行く

「うかがったおうちで焼かせていただき、アツアツを食べてもらえるように、耐熱容器にソースを仕込んだ形で持って行きます」冷ましてから、中身が漏れないようラップをかけて。

*Yuko's comment*
家で食べる時は、前日に具をグラタン皿に作っておいて、食べる時にチーズをのせて焼くと便利！

子どもたちもきっと喜ぶみんなが大好きな味

# えびとウインナーのマカロニグラタン

### 材料（4〜5人分）

| | |
|---|---|
| むきえび ……………… 100g | 白ワイン（または酒） ……… 小さじ1 |
| ウインナーソーセージ ……… 4本 | 牛乳 ……………… 300㎖ |
| しめじ ……………… 1パック(100g) | 薄力粉 ……………… 大さじ3 |
| 玉ねぎ ……………… 1/2個(100g) | バター ……………… 30g |
| マカロニ ……………… 80g | 塩、こしょう ……… 各適量 |
| 溶けるチーズ（細切りタイプ） … 70g | 洋風スープの素 ……… 小さじ2/3 |

### 作り方

① しめじは石づきを切り落としてほぐし、玉ねぎは薄切りにする。オーブンは240℃に予熱する。

② えびはボウルに入れて、塩、こしょう各少々、白ワイン（または酒）をふる。ソーセージは斜め半分に切る。

③ マカロニはパッケージの表示通りにゆで、ざるに上げて水けをきる。

④ フライパンにバターを入れて中火にかけ、①を炒める。しんなりしたら②を加えてさらに炒める。

⑤ えびの色が変わったら、薄力粉を入れて焦げないように混ぜながら炒める。

⑥ 粉っぽさがなくなるまで炒めたら、牛乳を一気に加える。木べらなどで混ぜながら、とろみがついてきたら③を加え、洋風スープの素とこしょう少々で調味する。

⑦ 耐熱容器に入れてチーズを散らし、240℃のオーブンで10〜15分、チーズがこんがりするまで焼く。

お持たせにもぴったり!

# お気に入りスイーツ
# & お取り寄せ

私のまわりにはおいしいもの好きの方がたくさんいらして、いろいろな情報を教えてもらっているんです。私もここで、これはおいしい！と誰かに教えたくなるような、スイーツやお取り寄せの品々を披露します。

### 老舗洋菓子店の
### しっとりバウムクーヘン

←「マッターホーンという老舗洋菓子店の焼き菓子です。『バウムクーヘン』はしっとりとやわらかく、いくらでも食べられちゃう味。『缶入りクッキー』も正統派のおいしさが魅力なんです」

### ナッツぎっしりなのに
### 軽やかな味のタルト

←「京都のお店、オ・グルニエ・ドールの『木の実のタルト』。ナッツの香ばしさを堪能できるお菓子です」

### パッケージもかわいい
### Fika

←「伊勢丹新宿店で見つけたFikaのクッキーは素朴なおいしさが魅力。北欧のお菓子でパッケージもかわいいので、プレゼントにもいいです」

### 上質素材で作った
### 絶品スイーツ

←↑「旦那さんも私もモンブランが好きなので、おいしいお店は常にリサーチしています。カー・ヴァンソンのショコラやモンブラン、焼き菓子は、どれも雑味のない上品な味わいなんですよ」

### ご飯のおともに最適の
### ふぐのオイル漬けです

→「博多い津みの『コンフ』。ふぐの身をほぐし、オイル漬けにしてあるのですが、これがおいしくて！ご飯がいくらでも食べられますよ」

### 焼きたてタルトはサクサクで
### 感動のおいしさ

↓「ナタ・デ・クリスチアノの『玉子タルト』。トースターで軽く焼いてあためなおすと、中はとろりで皮はサクサク。感動のおいしさです」

### サクサク食感のサブレで
### クリームをサンド

→「サブレでチョコクリームをはさんだベルアメールの『ショコラウィッチ』。フランボワーズや抹茶などいろいろな味があるのも楽しいんです」

### 外はサクッ！中は
### もっちりのマカロン

←「エコール・クリオロのマカロンのセット。それぞれの色がとってもカラフルだし、きれい！見ているだけでも幸せな気分になれますよ」

### サブレをミルクチョコ
### でコーティング

↖「ヴィタメール『マカダミア・ショコラ』はナッツの食感と、ホロッとくずれるサブレが絶妙なんです。手みやげやちょっとしたお礼にも」

### しっとりした食感の
### 上品なマカロン

↖「マカロンは自分でも作るほど好きで、食べくらべしています。このルショコラドゥアッシュのマカロンはしっとりしたおいしさ」

### ちょっとレトロな
### パッケージもかわいい

↓「ヌガーやドライフルーツにチョコレートをコーティングしたお菓子は老舗のローザー洋菓子店のもの。懐かしさを感じる味が魅力」

### ふわふわのパンケーキ
### みたいなどら焼き

↑「浅草・亀十のどら焼きは、生地がふわふわであんも軽やか。ほかにはないおいしさなんです。ロングセラーのわけは食べてみるとわかりますね」

# 毎日役立つ
# メインおかずと
# サブおかず

メインになるおかずや、小さなサブおかずは、たくさんレパートリーを増やすことで、献立も立てやすくなります。メインはよく使うお肉やお魚のメニューを、サブおかずはパパッと手軽にできるものを中心に集めました。

## MAIN DISH
## 豚肉のメインおかず

身近で扱いやすさ抜群の豚の薄切り肉を使ったおかずを中心に、パパッとできる一皿を紹介します。

豚肉のうまみにさっぱりとレモンを効かせて

# 豚のねぎレモン

### 材料(2人分)
- 豚しょうが焼き用肉 ……… 150g
- サラダ油 ……………………… 小さじ1
- 塩、こしょう ………………… 各少々

**ねぎレモンだれ**
- 長ねぎのみじん切り …… 1/2本
- 鶏がらスープの素 ……………………… 小さじ1/4
- レモン汁 …………… 大さじ1/2
- ごま油 ……………… 大さじ1
- 塩 …………………… 小さじ1/4
- こしょう …………………… 少々
- レモン(輪切り) ……………… 6枚

### 作り方

① 豚肉は包丁の先で、肉と脂身の間にある筋を数ヵ所切ってから、塩、こしょうする。

② ねぎレモンだれの材料は混ぜておく。

③ フライパンに油を熱し、中火で豚肉を両面色よく焼いて取り出す。

④ 器にレモンを敷いて③の豚肉を盛りつけ、②をのせる。

### ①のPoint!

筋は肉と脂身の間にあります。3〜4ヵ所に包丁を入れて筋切りをすると、焼いたときにお肉が丸まらずに、きれいに仕上がりますよ。

お弁当のおかずにも！
しょうが入りのたれが効いています

## オクラの豚巻き

### 材料(2人分)

| | | |
|---|---|---|
| 豚しゃぶしゃぶ用肉 | | 80g |
| オクラ | | 10本 |
| A | おろししょうが | 小さじ1 |
| | しょうゆ | 大さじ1 |
| | 砂糖 | 大さじ1 |
| | 酒 | 大さじ1 |
| | みりん | 小さじ1 |
| サラダ油 | | 大さじ1/2 |
| 貝割れ菜 | | 適宜 |

### 作り方

① オクラは塩少々(分量外)でやさしくこすってうぶ毛を取り、軽く水洗いしてから、がくをむく。Aは合わせておく。

② 豚肉を1枚ずつ広げ、オクラに巻いていく。

③ フライパンに油を熱し、②を入れて中火で転がしながら2分ほど焼く。

④ 全体に焼き色がついたら、Aを加えて焦げないようフライパンをゆすりながら、味をからめる。

⑤ ④を器に盛ってたれをかける。あれば食べやすく切った貝割れ菜を添える。

メインのおかず Main Dish

---

豆板醬(トウバンジャン)のパンチが効いた、ご飯が進む味

## 豚肉と野菜の辛みそ炒め

### 材料(2人分)

| | | |
|---|---|---|
| 豚もも薄切り肉 | | 120g |
| にんじん | | 1/2本(100g) |
| 玉ねぎ | | 1/4個(50g) |
| ピーマン(大) | | 2個 |
| しいたけ(大) | | 2個 |
| A | 豆板醬(トウバンジャン) | 小さじ1〜2 |
| | しょうゆ | 大さじ1/2 |
| | みそ | 大さじ1 |
| | 砂糖 | 大さじ1/2 |
| | 酒 | 大さじ1 |
| | 塩、こしょう | 各少々 |
| サラダ油 | | 大さじ1 |

### 作り方

① 豚肉は2cm幅に切り、Aの材料は混ぜ合わせておく。

② にんじんは薄い半月切りに、玉ねぎは薄切りにする。ピーマンは縦4等分にし、へたと種を取って、食べやすく切る。しいたけは石づきを切って縦4等分にする。

③ フライパンに油を熱し、豚肉を入れて中火で炒める。肉の色が変わったら、②を入れて炒め合わせ、野菜がしんなりしたらAを加えてたれをからませる。

MAIN DISH
## 豚肉のメインおかず

やわらかなヒレ肉に甘ずっぱい黒酢あんがからみます

# 黒酢の酢豚

### 材料(2人分)
| | |
|---|---|
| 豚ヒレ肉 | 200g |
| 酒 | 大さじ1 |
| 片栗粉 | 適量 |
| 塩 | 少々 |
| 揚げ油 | 適量 |

**黒酢あん**
| | |
|---|---|
| 黒酢(なければ酢) | 大さじ2 |
| しょうゆ | 大さじ1 |
| 砂糖 | 大さじ3 |
| 酢 | 大さじ2 |
| 酒 | 大さじ1 |
| 片栗粉 | 小さじ1 |
| 水 | 大さじ3 |
| グリーンカール | 適宜 |

### 作り方

① 豚肉は7mm厚さに切って酒と塩をふり、片栗粉を薄くまぶす。

② 黒酢あんの材料は混ぜておく。

③ フライパンの深さの2cmくらいまで揚げ油を入れて熱し、豚肉を入れて170℃くらいで揚げる。3〜4分揚げて、こんがりしてきたら取り出して油をきる。

④ ③の油をのぞき、フライパンに②を注いで火にかける。中火で熱しながら混ぜ、とろみがついて、ふつふつしてきたら③を戻し入れてあんをからめる。

⑤ あれば食べやすくちぎったグリーンカールを敷き、④を盛りつける。

### Yuko's comment

この酢豚はさっぱりとした黒酢あんが豚肉のうまみを引き立てて、格別のおいしさです。普通のお酢でもかまいませんが、私のおすすめは黒酢です。そしてより本格的な味にするなら、中国製の黒酢で作ってみてください。うまみとコクが違います！

材料をゆでて調味料と
和えるだけのすぐできおかず

## 冷製豚キムチ

### 材料(2人分)

| | | |
|---|---|---|
| 豚しゃぶしゃぶ用肉 | | 80g |
| もやし | | 1袋(200g) |
| にら | | 1/2束(50g) |
| キムチ | | 100g |
| A | しょうゆ | 大さじ1 |
| | 酢 | 大さじ1 |
| | 砂糖 | 大さじ1/2 |
| | ごま油 | 大さじ1/2 |

### 作り方

① にらは3cm長さに切り、キムチは食べやすい大きさに切る。

② 鍋に湯を沸かし、煮立ったらもやしとにらを入れてサッとゆで、ざるに上げて水けをきる。

③ ②の鍋に豚肉を入れてゆで、肉の色が変わったら取り出す。水けを拭き取り、大きかったら食べやすい大きさに切る。

④ Aをボウルに入れてよく混ぜ、②の野菜と③、キムチを加えて和える。

---

具材は3種類だけ!
シンプルだからこそおいしい

## 豚とほうれんそうの常夜鍋

### 材料(2人分)

| | |
|---|---|
| 豚しゃぶしゃぶ用肉 | 80g |
| ほうれんそう | 1/2束(100g) |
| 大根おろし | カップ1/2(100g) |
| ポン酢、ゆずこしょう | 各適量 |

### 作り方

① ほうれんそうは太ければ根元に十字の切り目を入れてよく水洗いし、長さを3等分に切る。

② 鍋に大根おろし、豚肉、ほうれんそうの順に重ねたら、水カップ1(分量外)を加えて火にかける。煮立ったら蓋をして2〜3分煮て、ポン酢やゆずこしょうをつけながら食べる。

メインのおかず Main Dish

## MAIN DISH
### 鶏肉のメインおかず

揚げたり、フライパンやオーブンで焼いて完成する鶏肉のおかずです。お弁当などにも活用できそう!

香味野菜が効いた甘ずっぱいたれをかけてさっぱりと

# 油淋鶏(ユウリンチー)

### 材料(2人分)
- 鶏もも肉 …… 300g
- 片栗粉 …… 適量
- 揚げ油 …… 適量
- 塩 …… 小さじ1/4
- こしょう …… 少々

**たれ**
- おろししょうが …… 小さじ1
- おろしにんにく …… 小さじ1/2
- 長ねぎのみじん切り …… 大さじ3
- しょうゆ …… 大さじ2
- 酢 …… 大さじ2
- 砂糖 …… 大さじ1
- ごま油 …… 小さじ1

レタス …… 適宜

### 作り方
1. 鶏肉は一口大に切って塩、こしょうをふり、片栗粉をまぶして、よぶんな粉は落とす。
2. たれの材料は混ぜ合わせる。
3. フライパンの深さの2cmくらいまで揚げ油を入れて熱し、鶏肉を入れて170℃くらいで揚げる。弱火で上下を返しながら3〜4分揚げて、こんがりしてきたら2分ほど火を強める。
4. 器にレタスを敷き、鶏肉の油をしっかりきって盛り、たれを好みの量かける。

### ❸のPoint!

鶏肉は油に入れたらあまり触らず、少し色づいてきたら裏に返しましょう。そして最後は強火にするとカリッと揚がりますよ。

メインのおかず *Main Dish*

カリカリ＆スパイシーでビールにもマッチ
## 手羽先のカレー焼き

### 材料(2人分)
| | | |
|---|---|---|
| 手羽先 | | 6本 |
| **A** | カレー粉 | 小さじ2 |
| | 酒 | 小さじ1 |
| | 塩 | 小さじ1/2強 |
| オリーブオイル | | 大さじ1 |

### 作り方
① 手羽先は太い骨に沿って包丁で切り目を入れる。

② **A**をボウルに入れて混ぜ、鶏肉も加えて手でもんで調味料をよくなじませる。

③ フライパンに油を熱し、②を入れて中火で焼く。こんがりと焼き色がついたら裏返して、蓋をして弱火で5〜6分焼いて火を通す。

---

たれをつけながら焼くことで味がしみて照りもアップ
## チキンのオーブン焼き バルサミコ風味

### 材料(2人分)
| | | |
|---|---|---|
| 鶏もも肉 | | 300g |
| ローズマリー(フレッシュ) | | 2枝 |
| **A** | にんにくのみじん切り | 小さじ1 |
| | バルサミコ酢 | 大さじ2 |
| | しょうゆ | 大さじ2 |
| | はちみつ | 大さじ1 |
| | 酒 | 大さじ1 |
| | 塩 | 小さじ1/4 |
| オリーブオイル | | 大さじ1 |
| かぼちゃ | | くし形切り3cm分(120g) |
| ミニトマト | | 4個 |

### 作り方
① 鶏肉は厚い部分を包丁で開いて厚みを均等にし、半分に切る。ローズマリーは3〜4cm長さに切る。かぼちゃは薄く切る。

② 保存用ポリ袋に**A**を入れてよく混ぜ、ローズマリーを加える。鶏肉も加えて調味料をもんでなじませ、冷蔵庫で1時間ほど寝かせておく。

③ ②を冷蔵庫からとり出し常温に戻す間にオーブンを220℃に予熱する。天パンに鶏肉とかぼちゃを並べ、10分焼いたら鶏肉にはけでたっぷり**A**をぬり、200℃でさらに10分焼く。かぼちゃは焼けたら取り出す。

④ 鶏肉とかぼちゃを器に盛り、トマトを添える。

# MAIN DISH 牛肉のメインおかず

牛肉はゴロッとかたまり肉で豪華に、切り落とし肉で普段着おかず!

---

おもてなしや特別な日にも作りたい本格派の味

## 牛肉の赤ワイン煮

### 材料(作りやすい分量)

| | | | | |
|---|---|---|---|---|
| 牛すね肉シチュー用 | 400g | | しょうゆ | 大さじ1 |
| 塩 | 小さじ1/3 | C | ケチャップ | 大さじ1 |
| こしょう | 少々 | | 塩 | 小さじ1/3 |
| 薄力粉 | 適量 | にんじん | 1本(200g) | |
| A にんにく | 小2かけ | エリンギ | 1パック(100g) | |
| ローリエ | 1枚 | 小玉ねぎ(玉ねぎ1個でもよい) 8個 | | |
| 赤ワイン | 500mℓ | オリーブオイル | 大さじ1/2 | |
| B にんじん | 1/2本(100g) | バター | 大さじ1 | |
| セロリ | 1/2本(50g) | | | |
| 玉ねぎ | 1個(200g) | | | |

### 作り方

① 牛肉は常温に戻してから塩、こしょうをふり、薄力粉を薄くまぶす。うまみ出し用のBの香味野菜はすべて大きめに切る。

② フライパンにオリーブオイルとバターを熱し、牛肉を入れて中火で焼く。表面が焼けたら取り出す。

③ 鍋にAとBを入れて中火にかけ、煮立ったら②の肉を入れ、弱火で蓋をして1時間ほど煮込む(ふきこぼれそうになったら蓋はずらす)。

④ にんじんは4〜5cm長さに切って、縦半分に切る。エリンギも縦半分に切って長さを半分に切る。小玉ねぎは皮をむき、根元に浅く十字の切り目を入れる(玉ねぎの場合は3〜4cm幅のくし型切りに)。

⑤ ③をざるでこして煮汁と肉のみを鍋に戻し、④の野菜を加えて火にかける。Cも加えて煮立ったら蓋をして弱火で20〜30分煮る。

### ②のPoint!

牛肉は煮込む前に薄力粉をまぶして、全体に焼き色をつけます。表面を焼くことで臭みが取れて、香ばしさが増します。煮くずれもしにくくなって、きれいに仕上がります!焦がさないようにしましょうね。

---

牛肉がやわらか! 野菜も肉もたれをからめて焼くだけ

## プルコギ

### 材料(2人分)

| | | | | |
|---|---|---|---|---|
| 牛切り落とし肉 | 200g | | おろしにんにく | 1かけ分 |
| にんじん | 1/4本(50g) | | すりごま(白) | 大さじ1 |
| 玉ねぎ | 1/2個(100g) | | コチュジャン | 小さじ2 |
| もやし | 1袋(200g) | A | しょうゆ | 大さじ3 |
| にら | 1/2束(50g) | | 酒 | 大さじ1 |
| 砂糖 | 大さじ1 | | ごま油 | 大さじ1 |

### 作り方

① 牛肉には砂糖をふってよくもみ込む。

② にんじんはせん切りに、玉ねぎは薄切り、にらは4〜5cm長さに切る。

③ ボウルにAを入れて混ぜる。牛肉と野菜も加え、調味料をなじませて冷蔵庫で30分〜1時間おく。

④ フライパンを火にかけ、③をたれごと入れて中火で炒め煮にする。

### ①のPoint!

牛肉はボウルに入れて、はじめにお砂糖をもみ込みます。それから味つけすると、お肉がやわらかくなりますよ。ぜひ試してみてください♪

## Main Dish
## ひき肉のメインおかず

安価で便利なひき肉を使った、ご飯にもお酒にも合うおかずです。

メインのおかず Main Dish

鶏ひき肉に混ぜた塩麹がほんのり甘く香る

# れんこんのはさみ焼き

### 材料(4人分)

| | | |
|---|---|---|
| れんこん | | 小1節(120g) |
| A | 鶏ひき肉 | 80g |
| | 大葉 | 2〜3枚 |
| | 長ねぎのみじん切り | 大さじ1 |
| | しょうがのみじん切り | 小さじ1/2 |
| | 塩麹 | 大さじ1/2強 |
| | 酒 | 大さじ1 |
| | 片栗粉 | 大さじ1 |
| 片栗粉 | | 適量 |
| サラダ油 | | 大さじ1 |

### 作り方

❶ 大葉はせん切りにする。ボウルにAの材料を入れ、粘りが出るまでよく混ぜる。

❷ れんこんは皮をむき5mm厚さの半月切りにする。

❸ まな板に片栗粉を薄くふり、その上にれんこんを並べる。れんこんの半量に①の肉だねをのせ、さらに全体に片栗粉をふって残りのれんこんで肉だねをはさむ。軽く押してれんこんと肉だねを密着させる。

❹ フライパンを中火で熱し、中火〜強めの中火で焼き色がつくまで3分焼きひっくり返したら蓋をして弱火で3分蒸し焼きに。

### ❸のPoint!

まな板に片栗粉をふってから、れんこんを並べて軽く押さえれば、簡単に衣がつきますよ。このほうが手早くでき、時短にもなります。片栗粉は茶こしなどに入れてふると、お手軽&ムラなくつけられます。

## MAIN DISH
## 魚のメインおかず

扱いやすい切り身魚を中心に、和・洋・中のおかずが勢ぞろい。レパートリーが広がるはずですよ。

---

まろやかな酸味とバターのコクがよく合う

### たらのポン酢バター焼き

**材料(2人分)**

| | |
|---|---|
| 生たら(切り身) | 2切れ(160g) |
| パプリカ(赤・黄) | 各1/2個(40g) |
| 青ねぎ | 1本 |
| 薄力粉 | 適量 |
| A ポン酢 | 大さじ2 |
| 　バター | 大さじ1 |
| サラダ油 | 適量 |
| 塩、こしょう | 各少々 |

**作り方**

❶ たらは塩、こしょうをふってから、薄力粉を薄くまぶす。よぶんな粉ははたいて落とす。

❷ パプリカはへたを取って縦1cm幅に切る。青ねぎは小口切りにする。

❸ フライパンに油少々を熱し、パプリカを入れてサッと炒める。色鮮やかになったら皿に盛る。

❹ ③のフライパンに油大さじ1を足し、たらを入れて中火で焼く。焼き色がついたら裏に返し、蓋をして弱火で4～5分焼く。

❺ ④を中火にし、Aを加えて汁が少なくなるまで煮つめる。③の皿に盛り、青ねぎをのせる。

### ❶の Point!

たらには薄力粉をふってから焼くと、味のからみがよくなりますよ。薄力粉は茶こしに入れてふるのがおすすめ。手も汚れないし、ムラにもなりにくいですよ♪

## ほんのり甘く軽やかなミルキーシチュー
# さけとさつま芋のシチュー

### 材料(2人分)
| | |
|---|---|
| さけ(切り身) …… 2切れ(160g) | 洋風スープの素 |
| さつま芋 ……… 1/2本(120g) | ……………… 小さじ1と1/2 |
| しめじ ……… 1パック(100g) | 牛乳 ……………… カップ1 |
| 玉ねぎ ……… 1/2個(100g) | バター ……………… 20g |
| 白菜 ……… 大1枚半(160g) | オリーブオイル …… 大さじ1/2 |
| 薄力粉 ………………… 大さじ2 | 塩、こしょう ………… 各適量 |
| 白ワイン(または酒) … 大さじ1 | ローリエ ……………… 1枚 |

### 作り方
① さけは大きめの一口大に切り、塩、こしょう各少々をふる。

② さつま芋は皮ごと8mm幅の半月形に切り、水にさらして水けをきる。しめじは石づきを切ってほぐす。玉ねぎは薄切りにし、白菜は食べやすい大きさに切る。

③ フライパンにオリーブオイルを熱し、さけを入れて中火で両面を焼いて取り出す。

④ ③のフライパンにバターを溶かし、玉ねぎとしめじを入れて中火で炒める。しんなりしたら、さつま芋と白菜を加えてサッと炒める。

⑤ ④に薄力粉をふり入れて全体を炒め合わせ、粉っぽさがなくなったら、白ワイン(または酒)、洋風スープの素、塩小さじ1/2、ローリエ、こしょうを加える。水カップ1(分量外)をいっきに加えてよく混ぜ、煮立ったら蓋をして弱火で7〜8分、さつま芋がやわらかくなるまで煮る。

⑥ ⑤にさけと牛乳を加えて混ぜ、塩、こしょうで味を調える。煮立つ直前に火を止める。

メインのおかず Main Dish

---

## 具材をホイルで包めばOK！ チャンチャン焼き風の一品
# さけのみそマヨチーズ焼き

### 材料(2人分)
| | |
|---|---|
| さけ(切り身) …………… 2切れ(160g) | |
| 玉ねぎ …………………… 1/2個(100g) | |
| しめじ …………………… 1パック(100g) | |
| A みそ ……………… 大さじ1 | |
| マヨネーズ ………… 大さじ2 | |
| みりん ……………… 大さじ1 | |
| しょうゆ …………… 少々 | |
| 溶けるチーズ(細切り) …… 大さじ5(40g) | |
| バター …………………… 小さじ2 | |
| 塩、こしょう …………… 各少々 | |

### 作り方
① さけには塩、こしょうし、玉ねぎは薄切りに、しめじは石づきを切ってほぐす。Aはよく混ぜる。

② アルミホイルを広げてバターを塗り、玉ねぎをのせる。上にさけをのせてAを塗り、チーズとしめじを散らして口を閉じる。両端をねじって蒸気が逃げないようにする。同様にもうひとつ作る。

③ オーブントースターに入れ、1000Wで約15分焼く(オーブンの場合は220℃に予熱して15分焼く)。

MAIN DISH
魚のメインおかず

淡白なたらを野菜たっぷりのあんが引き立てる

## たらの甘酢あんかけ

### 材料(2人分)

| | |
|---|---|
| 生たら(切り身) | 2切れ(160g) |
| しいたけ | 2個 |
| ピーマン | 1個(40g) |
| 玉ねぎ | 1/4個(50g) |
| にんじん | 2cm(20g) |
| A しょうゆ | 大さじ1 |
| 　砂糖 | 大さじ1と1/2 |
| 　酢 | 大さじ1と1/2 |
| 　酒 | 大さじ1/2 |
| 　塩 | 小さじ1/4 |
| 　水 | カップ1/2 |
| 片栗粉 | 適量 |
| 酒 | 少々 |
| サラダ油 | 大さじ2 |
| 塩、こしょう | 各少々 |

### 作り方

① たらは半分に切り、塩、こしょう、酒の順にふってから、片栗粉を薄くまぶす。よぶんな粉ははたいて落とす。

② しいたけは軸を取ってそぎ切りに、玉ねぎは薄切りにする。ピーマンはへたと種を取り、にんじんとともにせん切りに。

③ フライパンに油大さじ1を熱し、たらを入れて中火で焼く。焼き色がついたら裏返し、蓋をして弱火で4〜5分焼いて取り出す。

④ ③のフライパンに油大さじ1を足し、②を入れて炒める。野菜がしんなりしたらAを加える。煮立ったらいったん火を止め、片栗粉大さじ1/2を水大さじ1(分量外)で溶いたものを回し入れ、とろみがつくまでひと煮する。

⑤ ③を器に盛り、④をかける。

### ④のPoint!

ダマのないなめらかなあんを作るには、火を止めてから、直前によく溶いた水溶き片栗粉を入れて。まわし入れたら再び火にかけて、全体を混ぜ合わせて煮立たせるのがコツです。

メインのおかず Main Dish

フレッシュトマトソースと大葉を添えて

# いわしのソテー

### 材料(2人分)
いわし ……………………… 4尾
A | トマト ……………… 1個(150g)
　| しょうゆ ……………… 小さじ2
　| 白ワイン(または酒)… 大さじ2
　| 水 …………………… 大さじ1
大葉 ………………………… 3枚
にんにく …………………… 1かけ
薄力粉 ……………………… 適量
オリーブオイル ………… 大さじ1
塩、こしょう ……………… 各少々

### 作り方

1. いわしは手開きにする。あるいは開いたものを使用してもよい。裏と表に塩、こしょうをふり、薄力粉を薄くまぶし、よぶんな粉ははたいて落とす。

2. 大葉はせん切りにし、トマトは1cm角に切り、にんにくは包丁の背などでつぶす。

3. Aは混ぜておく。

4. フライパンにオリーブオイルとにんにくを入れて中火にかけ、香りが立ったらにんにくは取り出し、いわしを入れる。両面をこんがり焼いたら器に盛る。

5. ④のフライパンにAを入れ、さっと煮つめる。汁けが少なくなったらいわしにかけ、大葉をのせる。

MAIN DISH
魚のメインおかず

大根は電子レンジで下ごしらえしてパパッと時短！

## ぶり大根

### 材料(2人分)
ぶり(切り身) ……2切れ(160g)
大根………… 約9㎝(220g)
A ｜ しょうゆ………… 大さじ2
　｜ 酒……………… 大さじ3
　｜ 砂糖…………… 大さじ1
　｜ みりん………… 大さじ3
　｜ 水……………… カップ1
しょうがのせん切り……… 適宜

### 作り方
① 大根は皮をむいてから1.5㎝幅の半月形に切る。耐熱ボウルに入れて水大さじ1(分量外)をふり、ラップをふんわりのせて電子レンジで3分加熱したら、取り出して予熱で火を通す。

② ぶりは長さを半分に切る。塩適量(分量外)をふって10分ほどおき、水洗いして水けを拭き取る。

③ フライパンにAを入れて中火にかけ、煮立ったらぶりを入れる。再び煮立ったら弱火にし、蓋をして5～6分煮る。

④ ③に①の大根を加えて火を強め、煮立ったら落とし蓋(キッチンペーパーをかぶせてもよい)と蓋もして、大根に味がしみるまで弱火で10分ほど煮る。蓋をあけフライパンをゆすって煮汁を全体に行き渡らせたら火を止め、そのまま味をなじませる。

⑤ 器に盛って煮汁をかけ、あればしょうがをのせる。

**①のPoint!**

大根は煮る前に下ゆでしておくことで、短時間で味がしみやすくなります。このレシピは下ゆでのかわりにレンジで加熱するから簡単です。

ピリ辛でちょっと甘めの味つけがgood!

# えびのチリソース

### 材料(2人分)

| | | | |
|---|---|---|---|
| むきえび | 300g | ケチャップ | 大さじ3 |
| A 溶き卵 | 1/2個分 | 鶏がらスープの素 | 小さじ2/3 |
| 酒 | 大さじ1 | C 酒 | 大さじ1 |
| 片栗粉 | 大さじ1 | 片栗粉 | 大さじ1/2 |
| ごま油 | 小さじ1/2 | 塩 | 少々 |
| 塩、こしょう | 各少々 | 水 | 100ml |
| B 長ねぎ | 1/2本 | 酢 | 小さじ1 |
| しょうが | 1かけ | サラダ油 | 大さじ1 |
| にんにく | 1かけ | 揚げ油 | 適量 |
| 豆板醤(トウバンジャン) | 小さじ2 | | |

### 作り方

① えびは背わたを取り除く。水洗いして水けを拭き、よく混ぜた**A**をからめて下味をつける。**B**はすべてみじん切りにする。

② 揚げ油を170℃に熱し、①のえびを入れる。赤くなったら取り出して油をきる。

③ フライパンに油を熱し、**B**を加えて中火で炒める。香りが立ったら豆板醤も加えて炒め、**C**を加えて強火にする。

④ 混ぜながらとろみがついて煮立ってきたら、②のえびを加えてサッと炒めてからめる。仕上げに酢を回し入れる。

*メインのおかず Main Dish*

---

ぷりっぷりのえびときのこのうまみが美味

# えびシューマイ

### 材料(20個分)

| | | | |
|---|---|---|---|
| むきえび | 250g | しょうがのみじん切り | 小さじ1 |
| A 酒 | 大さじ1 | オイスターソース | 小さじ1 |
| 塩、こしょう | 各少々 | B 砂糖 | 小さじ1 |
| 干しいたけ | 2個 | 片栗粉 | 大さじ1 |
| 玉ねぎ | 1/4個(50g) | ごま油 | 小さじ1 |
| エリンギ | 小1本(30g) | 塩 | 小さじ1/3 |
| シューマイの皮 | 20枚 | 酢じょうゆ、からし | 各適宜 |

### 作り方

① えびは**A**をまぶし、まず3/4量をフードプロセッサーに入れてミンチ状にしたら、残り1/4量も加えて食感が残る大きさにする(包丁の場合も同様にたたく)。

② しいたけは水で戻して軸を切り落とし、玉ねぎ、エリンギとともにみじん切りにする。

③ ボウルに①と②、**B**を入れてよく混ぜる。

④ ③のあんを20等分にし、シューマイの皮の中央に置いて包む。

⑤ 蒸気の上がった蒸し器に入れて、5~6分強火で蒸す。

MAIN DISH
魚のメインおかず

衣はサクッ！　身はやわらかなおいしさ
## さばの竜田揚げ

### 材料(2人分)
- さば(切り身) ……… 2切れ(160g)
- しし唐 ……………………… 6個
- A
  - おろしにんにく ……… 適宜
  - おろししょうが ……… 小さじ2
  - しょうゆ ……………… 大さじ2
  - 酒 ……………………… 大さじ1
  - みりん ………………… 小さじ2
- 片栗粉 …………………… 適量
- 揚げ油 …………………… 適量

### 作り方
1. さばは食べやすい大きさに切り、塩適量(分量外)をふって10分ほどおき水洗いして水けを拭き取る。よく混ぜたAをまぶして15分ほどおく。
2. しし唐は包丁で何本か縦に切り目を入れる。
3. さばの汁けをふいて片栗粉を薄くまぶし、よぶんな粉ははたいて落とす。
4. 揚げ油を170℃くらいに熱し、しし唐を入れる。色鮮やかになったら取り出し、油をきる。③のさばを入れ、弱火にして3〜4分揚げ、強火にして30秒〜1分揚げる。
5. さばの油をしっかりきり、しし唐とともに器に盛る。

### Yuko's comment
揚げるときはしし唐、さばの順にすると揚げ油が汚れにくく、おいしく仕上がります。しし唐はそのまま揚げると、破裂することがあるので、必ず包丁で切り目を入れてくださいね。さばは最後に強火で揚げることで、衣がサクッと仕上がりますよ。

メインのおかず Main Dish

ゆずの香りが食欲をそそる
あっさり味
## さわらの幽庵焼き

**材料(2人分)**

| | |
|---|---|
| さわら(切り身) | 2切れ |
| かぶ | 1個 |
| A しょうゆ | 大さじ2 |
| 酒 | 大さじ2 |
| みりん | 大さじ2 |
| 生ゆず果汁 | 大さじ1 |
| (濃縮ゆず果汁の場合は小さじ1と1/2) | |
| ゆずの薄切り | 2〜3枚 |
| サラダ油 | 小さじ1 |
| ゆずの皮のすりおろし | 適宜 |

**作り方**

① さわらに塩少々(分量外)をふって10分おき、水洗いしたあとキッチンペーパーで水けを拭き取る。保存用ポリ袋にさわらを入れて**A**を加え、30分つける。かぶは茎を3〜4cm残して切り落とし、縦6等分にする。

② さわらをグリルに入れ、両面をこんがり焼く。フライパンで焼く場合は油を熱し、さわらとかぶを入れて弱めの中火で焼く。焼き色がついたら裏返し、蓋をして3〜4分焼く。

③ 器に盛りゆずの薄切りを添え、好みでゆずの皮のすりおろしを散らす。

塩麹の力でさばのうまみがアップ!
すだちを絞って
## さばの塩麹焼き

**材料(2人分)**

| | |
|---|---|
| さば(切り身) | 2切れ(200g) |
| 塩麹 | 大さじ2 |
| すだち | 1/2個 |
| 大葉 | 適宜 |

**作り方**

① さばに塩少々(分量外)をふって10分おき、水洗いしたあとキッチンペーパーで水けを拭き取る。皮目に浅く十字の切り目を入れ、塩麹を全体にまぶし1時間ほど置いたら拭き取る。

② さばをグリルに入れ、弱火で両面を焼く。焼き色がついてきたらアルミホイルをかぶせる。フライパンで焼く場合はサラダ油小さじ1(分量外)をひき皮目から焼く。蓋をして弱火で両面に火を通す。

③ 大葉を敷いた器に盛り、半分に切ったすだちを添える。

## MAIN DISH
## 魚のメインおかず

甘めの煮汁がきんめや
しいたけにしみてご飯が進む

## きんめだいの煮つけ

**材料(2人分)**

| | |
|---|---|
| きんめだい(切り身) | 2切れ(160g) |
| しいたけ | 3個 |
| しょうがの薄切り | 2枚 |
| A しょうゆ | 大さじ2 |
| 　 酒 | 大さじ3 |
| 　 砂糖 | 大さじ2 |
| 　 みりん | 大さじ1 |
| 　 水 | カップ1/2 |
| しょうがのせん切り | 適宜 |

**作り方**

1. きんめだいは皮に浅く切りこみを入れる。しいたけは軸を切り、そぎ切りにする。

2. フライパンにAを入れて中火にかけ、煮立ったらきんめだいを入れる。煮汁をかけながら煮て、再び煮立ったら弱火にし、蓋をして7分ほど煮たらしいたけを加え3分煮る。器に盛り、あればしょうがのせん切りをのせる。

---

昆布のうまみが白身魚にしみた上品なおいしさ

## 白身魚の昆布蒸し

**材料(2人分)**

| | |
|---|---|
| めだい(切り身) | 2切れ(160g) |
| (すずきなどの白身魚でもよい) | |
| 昆布 | 10cm×12cmを2枚 |
| 酒 | 大さじ3 |
| A 梅干し | 1個 |
| 　 大葉 | 2枚 |
| 　 みょうが | 1個 |
| 　 しょうゆ | 小さじ1/2 |
| 　 みりん | 小さじ2 |

**作り方**

1. めだいは半分に切り、昆布は水に5分ほどつけてやわらかくする。

2. Aの梅干しは種をのぞいてたたき、大葉とみょうがはみじん切りにする。ボウルに入れてAのほかの材料を加えてよく混ぜる。

3. フライパンに水カップ1(分量外)、酒を入れる。昆布を敷いて、その上にめだいをのせたら、蓋をして中火にかける。煮立ったら弱火にして、蓋をしたまま7〜8分蒸す。

4. 昆布ごと器に盛り、めだいの上に②を添える。

ローズマリーの香りをまとった
おしゃれな味

## さんまのハーブソテー

**材料(2人分)**

| | |
|---|---|
| さんま | 2尾 |
| ローズマリー(フレッシュ) | 3枝 |
| にんにく | 1かけ |
| じゃが芋 | 1個(100g) |
| オリーブオイル | 大さじ2 |
| 塩 | 小さじ1/2 |
| こしょう | 少々 |

**作り方**

① さんまは頭を切り落として3つに切る。内臓を引き抜いてよく水洗いし、内側もしっかり水けをふき取る。表面には何本か浅く切り目を入れ、塩、こしょうをふる。

② ローズマリーは3～4cm長さに切る。にんにくは縦半分に切って、包丁の腹などでつぶし、じゃが芋は1cm幅程度のくし形切りにする。

③ フライパンにオリーブオイルとにんにくを入れて熱し、香りが立ったら、さんまとローズマリー、じゃが芋を入れて中火で焼く。さんまに焼き色がついたら裏に返し、蓋をして弱火で3～4分焼く。じゃが芋はやわらかくなるまで弱火で火を通す。

メインのおかず *Main Dish*

---

タイムの香りがさわやか！

## 帆立て貝とズッキーニのレモンソテー

**材料(2人分)**

| | |
|---|---|
| 帆立て貝柱 | 4個(150g) |
| ズッキーニ | 大1/2本(120g) |
| ミニトマト | 6個 |
| タイム(フレッシュ) | 2枝 |
| レモン汁 | 大さじ1 |
| オリーブオイル | 大さじ1 |
| 塩、こしょう | 各適量 |

**作り方**

① 帆立ては4等分に切って塩、こしょうをふる。

② ズッキーニは7mm厚さの輪切りにして、大きいものは半月切りにする。ミニトマトは縦4等分に、タイムは粗みじんに切る。

③ フライパンにオリーブオイル大さじ1/2を熱し、帆立てとタイムを入れて中火で炒める。帆立ての色が変わったら取り出す。

④ ③のフライパンの汚れを拭いてオリーブオイル大さじ1/2を足して熱し、ズッキーニを入れてサッと炒める。ミニトマトと帆立ても入れて1分半炒めたら、こしょう少々、レモン汁を入れて味を調える。

## Stock Recipe
## ギョーザの作り置き

あまった皮やあんでアレンジしたり、包んだものを冷凍しておいて活用したりと応用範囲が広いギョーザ。バリエを知ると便利です。

### Yuko's comment
旦那さんも大好きなメニューなので、ギョーザはよく作ります。多めに作ってあまったときは冷凍庫へ。スタンダードなギョーザはパリパリの羽根つきにするのがお気に入りです。

ギョーザはふっくら、羽根はパリパリの食感が最高

# 羽根つきギョーザ

### 材料(24個分)

| | | |
|---|---|---|
| 豚ひき肉 | | 150g |
| A | キャベツ | 2枚(150g) |
| | にら | 3本 |
| | 長ねぎのみじん切り | 5cm分 |
| | しょうがのみじん切り | 1かけ分 |
| | にんにくのみじん切り | 1かけ分 |
| B | オイスターソース | 大さじ1/3 |
| | 鶏がらスープの素 | 小さじ1弱 |
| | しょうゆ | 大さじ1/2 |
| | 砂糖 | ひとつまみ |
| | 片栗粉 | 大さじ1/2 |
| | ごま油 | 大さじ1/2 |
| | 塩 | 小さじ1/2 |
| ギョーザの皮 | | 24枚 |
| 薄力粉 | | 大さじ1 |
| ごま油 | | 適量 |
| サラダ油 | | 大さじ1 |
| しょうゆ、酢、ラー油 | | 適宜 |

### 作り方

① キャベツとにらはみじん切りにし、キャベツには塩少々(分量外)をふってしばらく置き、水けをギュッと絞る。

② ひき肉はまな板に広げて、粘りが出るまで全体を包丁でたたいて、ボウルに入れる。Bを加えて混ぜ、調味料が肉になじんだら、Aを加えてさらに混ぜる。時間があるときは、冷蔵庫に1時間ほど入れておく。

③ ギョーザの皮の中央に②のあんをのせて、ひだを寄せて口を閉じる。

④ フライパンにサラダ油をひき、ギョーザを並べて中火にかける。焼き色がついたら薄力粉に水カップ1/3〜1/2(分量外)を加えてよく混ぜたものを注ぎ入れ、蓋をして強火で4分ほど蒸し焼きにする。

⑤ パチパチという音がしてきたら、蓋を取って水分をとばし、羽根のまわりにごま油をまわしかける。羽根がパリッとしたら、火から下ろす。

⑥ フライパンに平らな皿をのせてひっくり返し、器に盛る。しょうゆ、酢、ラー油などを好みで添える。

### ③のPoint!
あんをのせたら、皮の内側のふちに水を少しつけてから、ひだを寄せながら包んでいきます。皮が閉じていればOKです!

### あまったギョーザの保存法

①急速冷凍すると味が落ちにくいため、金属のバットにラップを敷き、ギョーザを間隔を空けて並べて冷凍庫に。

②❶の状態で冷凍後、保存袋に入れると、ギョーザ同士がくっつかず好きな数だけ使えて便利。
※冷凍庫で約10日間保存可能。

56 Homerare♥Gohan

# 作り置きのギョーザで時短メニュー

あまったあんと皮でアレンジ

ひだを作らなくていいからお手軽！　大葉がさわやか

## 棒ギョーザ

### 材料(12個分)
| | |
|---|---|
| ギョーザのあん……P56のあんの半量 | 大葉……………12枚 |
| ギョーザの皮………12枚 | サラダ油………大さじ1 |
| | しょうゆ、酢……適宜 |

### 作り方
① ギョーザの皮の上に大葉を敷く。中央にギョーザのあんをのせ、皮の端に水少々(分量外)をつけて重ね、棒状に包む。

② フライパンに油をひき、とじ目を上にしてギョーザを並べる。中火にかけ、水カップ1/3〜1/2(分量外)を加えて蓋をして蒸し焼きにする。

③ 水分が少なくなってきたら蓋を取って、強火で焼き色をつける。器に盛って、好みでしょうゆと酢を混ぜたものを添える。

### ①のPoint!
皮の上に大葉を敷いてからあんを包みます。あんの量はこれくらいが適量です。

上になるほうの皮の内側に水を少しつけてから、皮の両側を重ねるだけだから、簡単です！

---

つるんとした食感でいくつでも食べられそう

## 水ギョーザ

### 材料(作りやすい分量)
| | |
|---|---|
| ギョーザ…………………好みの量 | |
| しょうゆ、酢、七味唐辛子……適宜 | |

### 作り方
① 鍋にたっぷりの湯を煮立て、冷凍したままのギョーザを入れて中火でゆでる。浮いてきたらそのまま1〜2分ゆでて取り出す。

② 軽く水けをきって器に盛り、好みでしょうゆと酢を混ぜたものや七味唐辛子を添える。

冷凍ギョーザを使ってアレンジ

---

野菜たっぷりで栄養バランスもばっちり

## スープギョーザ

### 材料(2人分)
| | |
|---|---|
| ギョーザ……………8個 | |
| キャベツ………1枚半(70g) | |
| にんじん…………2cm(20g) | |
| しいたけ……………2個 | |
| 卵……………………1個 | |
| 鶏がらスープの素………小さじ1/2 | |
| 塩………………小さじ1/3 | |
| こしょう……………少々 | |

### 作り方
① キャベツは食べやすくざく切りにし、にんじんは薄い輪切りにする。しいたけは石づきを取って縦半分に切る。

② 鍋に水カップ2(分量外)とスープの素を入れて煮立て、①の野菜、冷凍のままのギョーザを加える。再び煮立ったら、卵を溶き入れ、蓋をして2〜3分煮る。塩とこしょうで味を調える。

冷凍ギョーザを使ってアレンジ

作り置きおかず Stock Recipe

57

## STOCK RECIPE
### ひじきの煮物の作り置き

少し多めに作ってもいろいろな料理に活用できて便利なひじきの煮物。基本の作り方とアレンジ法を公開してくれました。

---

ミネラル＆カルシウムも豊富なおそうざいの定番

# ひじきの煮物

**材料(作りやすい分量)**

- 長ひじき(乾燥) ……… 25g
  (もどして約180g)
- にんじん ……… 1/4本(50g)
- 油揚げ ……… 1枚
- 大豆(ドライ缶) ……… 60g
- A
  - だし汁 ……… カップ1/3
  - しょうゆ ……… 大さじ1と1/2
  - 砂糖 ……… 大さじ1
  - みりん ……… 大さじ1
  - 酒 ……… 大さじ1
- 昆布(3cm×5cm) ……… 1枚
- ごま油 ……… 大さじ1/2

**作り方**

① ひじきは水でもどし、ざるに上げて水けをきり、食べやすい長さに切る。

② にんじんは3〜4cm長さのせん切りにする。油揚げは熱湯にくぐらせて、縦半分に切ってから細切りにする。

③ フライパンに油を熱し、①と②を入れてサッと炒める。A、大豆、昆布も加え、煮立ったら蓋をして弱火で5分ほど煮る。蓋を取り、中火で水分がなくなるまで炒る。

④ 火を止め、蓋をしてそのまま味をなじませる。

**①のPoint!**
乾燥ひじきは軽く水洗いの後、たっぷりの水に30分ほど浸けてもどします。ひじきによって5〜8倍とふくらみ方に差が。

### あまったひじきの保存法

ジッパーつき保存袋に入れ、酸化しないよう空気を抜き、早く冷凍できるよう平らにしてから冷凍庫へ。約10日間冷凍保存可能。

**Yuko's comment**
作り置きのおかずがあると最初から作らなくていいので時短にも役立ちますよね。多めに作って冷凍庫へ入れておきます。

## 作り置きのひじきの煮物で時短メニュー

作り置きおかず Stock Recipe

ローカロリーでヘルシーな和風ハンバーグに変身

### 豆腐とひじきのヘルシーハンバーグ

#### 材料(4人分)
木綿豆腐 ………………… 2/3丁(200g)
A｜ひじきの煮物 …… 50g
　｜鶏ひき肉 ………… 100g
　｜片栗粉 …………… 大さじ1
　｜塩 ………………… 小さじ1/4
大根おろし ……………… 大さじ4
しょうゆ ………………… 適量
サラダ油 ………………… 大さじ1/2
ミニトマト、アスパラガス …… 適宜

#### 作り方
① 豆腐はキッチンペーパーに包み、電子レンジで2分半加熱したら水けを切る。
② ボウルに①とAを入れてムラなく混ぜ、たねを4等分にして小判形に成形する。
③ フライパンに油を熱し、②を入れて中火で焼く。焼き色がついたら裏返し、蓋をして弱火で4〜5分焼く。
④ ③を器に盛り、大根おろしをのせ、しょうゆをかける。好みでミニトマトとソテーしたアスパラガスを添える。

---

卵焼きのボリュームもアップ！　お弁当にも最適

### ひじきの煮物入り卵焼き

#### 材料(2人分)
ひじきの煮物 ……… 40g　　塩 ……………… 少々
卵 …………………… 2個　　サラダ油 ……… 適量

#### 作り方
① ボウルに卵を割り入れ、塩を加えて混ぜる。
② 卵焼き器に油を入れて熱し、よぶんな油はキッチンペーパーで拭き取る。卵の1/3量を流し入れて広げ、卵が半熟になったら奥にひじきをのせる。フライ返しなどで、手前に向かってくるくるとひじきを巻き込む。
③ 卵焼きを再び奥へ滑らせ、フライパンの空いたところにサラダ油を引いて、残りの卵液の半量を流す。卵焼きを浮かせて卵液を行き渡らせ、半熟になったら②と同じ手順で手前に向かって巻いていく。
④ 残りの卵液でもう一度繰り返して取り出し、キッチンペーパーなどで押さえて形を整える。粗熱が取れたら切り分ける。

---

白いご飯に混ぜるだけ。
おにぎりにしても GOOD

### ひじきの混ぜご飯

#### 材料(2人分)
ひじきの煮物 …………………… 60g
あたたかいご飯 …… 茶碗2杯分(300g)
いりごま(白) …………………… 少々

#### 作り方
① ご飯にひじきを加えてよく混ぜる。器に盛ってごまをふる。

## SIDE DISH
# 5分でできる クイックおかず

揚げるだけ、なにかと和えるだけ、炒めるだけ……という超クイックおかずたち。とりあえず一品！のおつまみにも活躍しそうです。

> お酒のおつまみにもおすすめの一品

### セロリとさきいかの和えもの

**材料(2人分)**
セロリ ………… 2/3本(80g)
さきいか ………………… 10g
いりごま(白) …… 小さじ1/2
ごま油 …………… 大さじ1/2
塩 …………………………… 少々

**作り方**
1. セロリは筋を取って3㎝長さに切り、繊維に沿って薄切りにする。さきいかは食べやすい長さに切る。
2. ボウルに①を入れ、ごま油、塩、ごまを加えて和える。

> オリーブオイルの風味がいんげんを引き立てる

### いんげんの素揚げ

**材料(2人分)**
いんげん ………… 10本(80g)
オリーブオイル ……… 大さじ3
塩、こしょう ………… 各少々

**作り方**
1. いんげんはへたを切って斜め半分に切る。
2. フライパンにオリーブオイルを入れて中火で熱し、油があたたまったらいんげんを入れて弱火で2分ほど火を通す。
3. ②を取り出して油をきり、塩、こしょうをふる。

> 梅干しとかつお節の和え衣でさっぱりと

### オクラとエリンギの梅ポン酢和え

**材料(2人分)**
オクラ ………………………… 6本
エリンギ ……… 1/2パック(50g)
梅干し ………………………… 1個
ポン酢 …………………… 大さじ1
かつお節パック …… 1袋(2g)

**作り方** ※ゆでる時間は除く
1. オクラはがくのまわりをぐるりとむき、塩適量(分量外)をふって板ずり(まな板の上でこすりつけるように転がすこと)をしてうぶ毛を落とす。エリンギは縦に4等分にして3㎝長さに切る。
2. たっぷりの熱湯にエリンギを入れて1〜2分ゆでて取り出し、水けをきる。続いてオクラを入れてゆでる。冷水に取って冷まし、水けをきって斜めに2つ〜3つに切る。
3. 梅干しの種を取ってたたいてボウルに入れ、ポン酢とかつお節を加えて混ぜる。②を加えてよく和える。

> ポン酢マヨのまろやかさが淡白な白菜とマッチ

### 白菜と塩昆布のサラダ

**材料(2人分)**
白菜 ………… 1枚半(150g)
塩昆布(細切り) ………… 5g
A ┃ ポン酢 ……… 大さじ1
　┃ マヨネーズ …… 小さじ1

**作り方**
1. 白菜は2㎝角に切る。
2. ボウルにAを入れて混ぜ、白菜、塩昆布を加えてよく和える。

サブのおかず Side Dish

## アボカドの塩昆布和え

濃厚なアボカドに塩昆布が合う意外なおいしさ

**材料(2人分)**
- アボカド … 1個
- 塩昆布(細切り) … 5g
- オリーブオイル … 大さじ1

**作り方**
1. アボカドは皮と種を取りのぞき、1.5cm角に切る。
2. アボカドをボウルに入れ、塩昆布、オリーブオイルを加えてよく和える。

## ちくわとほうれんそうのからし和え

練りからしをほんのり効かせた和えもの

**材料(2人分)**
- ちくわ … 1本
- ほうれんそう … 1束(200g)
- A
  - しょうゆ … 大さじ1/2
  - 酒 … 大さじ1/2
  - 練りからし … 小さじ1
  - ごま油 … 小さじ2

**作り方** ※ゆでる時間は除く
1. ほうれんそうは水洗い後、たっぷりの熱湯でゆでて冷水に取る。3cm長さに切って水けをギュッとしぼる。ちくわは4～5mm幅に切る。
2. ボウルにAを入れてよく混ぜ、①を加えてよく和える。

## ちりめんじゃことピーマン炒め

鉄分＆カルシウムもたっぷりの小さなおかず

**材料(2人分)**
- ピーマン … 4個(140g)
- ちりめんじゃこ … 大さじ3(10g)
- A
  - しょうゆ … 小さじ1
  - みりん … 小さじ1
- かつお節パック … 1袋(2g)
- いりごま(白) … 小さじ1
- サラダ油 … 小さじ1

**作り方**
1. ピーマンは縦半分に切り、へたと種を取って繊維を断つように細切りにする。
2. フライパンに油を熱し、中火でピーマンをサッと炒める。色が鮮やかになったらじゃこを入れ、Aで調味する。かつお節とごまも加えて、ひと炒めする。

## きのこのバルサミコソテー

バルサミコ酢＋バターのコク深さ！ワインにもよく合う

**材料(2人分)**
- しめじ … 2/3パック(80g)
- エリンギ … 2/3パック(80g)
- マッシュルーム … 8個(80g)
- A
  - バルサミコ酢 … 大さじ1
  - しょうゆ … 大さじ1/2
  - バター … 大さじ1/2
- オリーブオイル … 大さじ1
- 塩、こしょう … 各少々

**作り方**
1. しめじは石づきを切り落としてほぐし、マッシュルームは縦4等分にする。エリンギは縦半分に切ってから、1cm幅に切る。
2. フライパンにオリーブオイルを熱し、中火で①を炒める。きのこがしんなりしたらAを加えて調味し、塩、こしょうで味を調える。

## 小松菜の中華風炒め

小松菜＋にんにくをシンプルに炒めたおいしさ

**材料(2人分)**
- 小松菜 … 1/2束(150g)
- にんにくのみじん切り … 小さじ1
- 鶏がらスープの素 … 小さじ1/3
- 酒 … 大さじ1
- サラダ油 … 大さじ1
- 塩 … 小さじ1/4
- こしょう … 少々

**作り方**
1. 小松菜は水洗い後、3～4cm長さに切る。
2. フライパンにサラダ油とにんにくを入れて、弱火で炒める。香りが立ったら小松菜の茎、葉の順に加えて中火で炒め、しんなりしたら酒をふる。スープの素、塩、こしょうで調味する。

## SIDE DISH
# あと一品ほしい時のサブおかず

メインを引き立てる副菜は、意外と悩むもの。レパートリーがあればあるほど食卓が豊かになるので、たくさん覚えておきましょう。

---

れんこんの食感と青のりの風味があとを引くおいしさ
## れんこんのいそべ焼き

### 材料(2人分)
- れんこん …… 大1/3節(80g)
- A │ 青のり ……… 小さじ1
-   │ 片栗粉 ……… 大さじ1
- 塩 ………………… 適量
- オリーブオイル ……… 大さじ1

### 作り方
1. れんこんは5mm幅の半月切りにし、水にサッとさらしてざるに上げる。
2. ポリ袋にAを入れてよく混ぜ、①のれんこんも入れてふり、全体にムラなくまぶす。
3. フライパンにオリーブオイルを熱し、②を並べる。中火で片面1～2分焼いたら裏返して、同様に焼く。
4. 器に盛り、好みの量の塩をふる。

**Yuko's comment**
これはよく作るお気に入りです♪ 作り方も簡単だし、ブログでも何度か登場しているおかずです。

---

枝豆をさやごと炒めてにんにくで風味づけ
## 枝豆のペペロンチーノ

### 材料(2人分)
- 枝豆(さやつき) ……… 200g
- にんにくのみじん切り ……… 1かけ分
- オリーブオイル ……… 大さじ1
- 塩 ………………… 小さじ1/3

### 作り方
1. 枝豆はたっぷりの熱湯で3分ほどゆで、ざるにとって水けをきる。
2. フライパンにオリーブオイルとにんにくを入れてから弱火で熱し、香りが立ったら枝豆をさやごと加えて中火で2分ほど炒め、塩で調味する。

---

おいしいだしで作りたい白みそ仕立ての上品な味
## 里芋の煮物

### 材料(2人分)
- 里芋 ………… 6個(300g)
- 春菊 ……… 1/2束(100g)
- A │ だし汁 ……… カップ2
-   │ しょうゆ ……… 小さじ1
-   │ 酒 ……… 大さじ1
-   │ みりん ……… 大さじ1
-   │ 塩 ……… 小さじ1/2
- 白みそ ……… 大さじ3
- ゆずの皮のせん切り ……… 適宜

### 作り方
1. 里芋は皮をむいてボウルに入れ、塩大さじ1(分量外)を加えてよくもみ、ぬめりを落とす。水洗いして水けをきり、2～3cm幅の輪切りにする。
2. 春菊は根元のかたい部分を切り落とし、熱湯で色よくゆでる。冷水にとって冷まし、水けをギュッとしぼって3cm長さに切る。
3. 鍋に里芋とAを入れて火にかけ、煮立ったら蓋をして弱火で15～20分煮る。
4. 里芋がやわらかくなったら白みそを溶き入れ、弱火でさらに5分ほど煮る。春菊とともに器に盛り、あればゆずの皮を添える。

サブのおかず Side Dish

とろっとした黄身をソースがわりにからませて

## アスパラガスのソテー半熟卵のせ

### 材料(2人分)
グリーンアスパラガス … 6本
卵 …………………………… 2個
バター …………………… 大さじ1
A  しょうゆ ………… 大さじ1
　 酒 ………………… 大さじ1
粉チーズ ………………… 少々
粗びき黒こしょう ……… 少々

### 作り方
1. ポーチドエッグを作る。水カップ2を鍋に入れて火にかけ、沸騰したら酢大さじ2(分量外)を入れる。卵は小さめのボウルに割り入れ、静かに熱湯に落とす。白身をまとめながら、中火で3分ほど加熱する。
2. アスパラガスは下半分のかたい皮をピーラーでむいて、半分の長さに切る。
3. フライパンにバターを熱し、アスパラガスを入れて中火で焼く。色鮮やかになったらAを加えて調味し、器に盛る。
4. ③の上に①の卵をのせ、粉チーズと黒こしょうをふる。

**①の Point!**
ポーチドエッグは小さめのフライパン(直径18cm程度)を使うと、うまく作れますよ。お酢入りの熱湯に卵を静かに落として、スプーンで白身をまとめればOKです。

---

塩麹の甘みにクレソンの苦みがアクセント

## じゃが芋とクレソンの塩麹炒め

### 材料(2人分)
じゃが芋 ……… 大1個(150g)
クレソン ………… 1束(50g)
にんにくのみじん切り
………………………… 小さじ1
A  塩麹 ……………… 小さじ2
　 酒 ………………… 大さじ1/2
粗びき黒こしょう ……… 少々
オリーブオイル …… 大さじ1/2

### 作り方
1. じゃが芋は皮をむいて1cm角×4cm長さ程度の棒状に切り、水に5分ほどさらす。軽く水けをきって耐熱容器に入れ、ふんわりとラップをして電子レンジで3〜4分やわらかくなるまで加熱する。
2. クレソンは茎と葉の部分に分け、それぞれ4〜5cm長さに切る。
3. フライパンにオリーブオイルとにんにくを入れて弱火にかけ、香りが立ったらじゃが芋とクレソンの茎、Aを加えて中火で炒める。
4. 調味料が全体にからんだら、最後にクレソンの葉とこしょうを加えてサッと混ぜる。

---

濃厚チーズがじゃが芋にからみ、白ワインにもよく合う

## じゃが芋のゴルゴンゾーラソース

### 材料(2人分)
じゃが芋 …… 大1個(150g)
A  調整豆乳 …… カップ1/2
　 ゴルゴンゾーラチーズ
　 ………………………… 50g
　 バター ………… 大さじ1/2
　 粗びき黒こしょう … 少々
イタリアンパセリ ……… 少々

### 作り方
1. じゃが芋は皮をむいて縦半分に切る。それから2cm幅ほどのくし形切りにし、水に5分ほどさらす。軽く水けをきって耐熱容器に入れ、ふんわりとラップをして電子レンジで2分ほど加熱する。イタリアンパセリはみじん切りにする。
2. 鍋にAを入れて弱火にかける。ときどき混ぜながら、チーズが溶けたらじゃが芋を加える。
3. 弱火で3分たったら中火にする。混ぜながらソースがとろりとするまで煮つめる。仕上げにイタリアンパセリを加えて混ぜる。

ゆで卵をきざんで入れるから、カレー味がまろやかに
## カリフラワーのカレーマヨネーズ

**材料(2人分)**
- カリフラワー …1/3個(150g)
- ゆで卵 …………………… 1個
- A
  - マヨネーズ …大さじ1強
  - カレー粉 …… 小さじ1/4
  - 塩、こしょう ……… 少々

**作り方**
1. カリフラワーは小房にわけて、たっぷりの熱湯でゆでる。ざるにあげて水けをきり、そのまま冷ます。ゆで卵は粗みじんに切る。
2. ボウルにAを入れてよく混ぜ、①を加えて和える。

---

酸味の効いたあんが具材にからむさっぱりおかず
## ブロッコリーとウインナーの中華すっぱあん

**材料(2人分)**
- ブロッコリー ……………… 大1/2個(120g)
- ウインナーソーセージ ……………… 3本(60g)
- 長ねぎのみじん切り… 大さじ1
- しょうがのみじん切り… 小さじ1
- A
  - しょうゆ ……… 小さじ1
  - 砂糖 ………… 小さじ2
  - 酢 …………… 大さじ1
  - 中華スープの素 … 小さじ1/3
  - 酒 …………… 大さじ2
  - 片栗粉 ……… 小さじ1
  - 塩 …………… 小さじ1/2
  - 水 …………… 大さじ3
- サラダ油 ………… 大さじ1/2

**作り方**
1. ブロッコリーは小房にわけて、たっぷりの熱湯でかためにゆでる。ざるにあげて水けをきる。ウインナーは斜め半分に切る。
2. Aをよく混ぜ合わせる。
3. フライパンに油と長ねぎ、しょうがを入れて中火にかけて炒め、香りが立ったら①を加えて1〜2分炒める。
4. いったん火を止めて②をまわしかけ、再び中火にして混ぜながら炒め、あんをからめる。

*Yuko's comment*
ウインナーをえびや帆立て貝、ハムにするなど、具材の組み合わせを変えて作ったりもします。すっぱあんがよく合いますよ。

---

カリカリの油揚げが香ばしい！ ビールのおつまみにも
## 油揚げのねぎマヨチーズ

**材料(2人分)**
- 油揚げ ……………………… 2枚
- 長ねぎ ………… 10cm(15g)
- A
  - かつお節 ……… 1パック
  - マヨネーズ …… 大さじ2
  - しょうゆ ……… 大さじ1
- 溶けるチーズ(細切り) ……………………… 40g

**作り方**
1. ねぎは縦半分に切ってから小口切りにする。
2. ねぎとAをよく混ぜ、油揚げの上にのせ、チーズを散らす。
3. ②をグリルやオーブントースター(1000W)に入れ、チーズが溶けるまで5〜6分焼く。焼けたら長さを3等分に切る。

食べるとホッとするおなじみのおそうざい

## 切り干し大根

**材料(2人分)**

| | |
|---|---|
| 切り干し大根(乾物) | 40g |
| にんじん | 1/4本(50g) |
| 油揚げ | 1枚 |
| 干ししいたけ | 3個 |
| A しょうゆ | 大さじ1と1/2 |
| みりん | 大さじ1 |
| 砂糖 | 大さじ1 |
| 昆布(3cm×5cm) | 1枚 |
| ごま油 | 大さじ1/2 |

**作り方**

① 切り干し大根はたっぷりの水につけ、そのまま20分ほどおいてもどし、しっかり水けをしぼる。

② にんじんは4〜5cm長さのせん切りに、油揚げは熱湯をかけて湯通しし、縦半分に切ってからせん切りにする。

③ 干ししいたけはたっぷりの水につけてもどし、軸を切って薄切りにする。もどし汁はカップ1杯分取っておく。

④ 鍋に油を熱し、①と②、しいたけを入れて炒める。全体に油が回ったらAと昆布としいたけの戻し汁を加えて、弱火で4〜5分煮て味を含ませる。

---

明太子はポテサラとも味の相性が抜群！

## 焼き明太子のポテトサラダ

**材料(2人分)**

| | | | |
|---|---|---|---|
| じゃが芋 | 小2個(200g) | バター | 大さじ1/2 |
| 明太子 | 1/2腹(50g) | マヨネーズ | 大さじ2 |
| グリーンアスパラガス | 2本 | A 白ワインビネガー(または酢) | |
| 卵 | 1個 | | 大さじ1/2 |

**作り方**

① 鍋に皮つきのままのじゃが芋とたっぷりの水を入れて火にかけ、やわらかくなるまでゆでる。

② アスパラガスは下半分の皮をピーラーでむいて、1cm長さに切る。卵は好みのかたさにゆで、粗みじんに切る。

③ フライパンにバターを熱して、明太子とアスパラガスを加える。明太子を木べらなどでほぐしながら、アスパラガスが色鮮やかになるまで中火で炒める。

④ ゆでたじゃが芋はすぐに皮をむいて、ボウルに入れて粗くつぶす。熱いうちにAを加えて混ぜ、③とゆで卵も入れてよく混ぜる。

*Yuko's comment*
じゃが芋は皮つきのままゆでると、ホクホク感が増しておいしく仕上がります。そして熱いうちに調味することで味もなじみます。

---

うまみがグンと増す相性抜群の組み合わせ

## まいたけ入りきんぴら

**材料(3〜4人分)**

| | |
|---|---|
| ごぼう | 大1/2本(100g) |
| にんじん | 1/4本(50g) |
| まいたけ | 1パック(100g) |
| A しょうゆ | 大さじ1 |
| 酒 | 大さじ1 |
| みりん | 大さじ1と1/2 |
| 砂糖 | 大さじ1/2 |
| いりごま(白) | 適量 |
| ごま油 | 大さじ1 |

**作り方**

① ごぼうは皮をたわしなどで洗って4〜5cm長さで5mm角程度の棒状に切る。水に1〜2分さらして水けをきる。にんじんもごぼうと同様に切り、まいたけは食べやすくほぐす。

② フライパンに油を熱し、①を入れて中火で炒め、水分が出てしんなりしたらAを加える。煮立ったら蓋をして弱火で5分。

③ 蓋をとり中火にして炒め、水分をとばす。火を止め蓋をして10分味をなじませる。器に盛りごまをふる。

### とろりとしたあんが豆腐をやさしく包む
# 明太子豆腐

**材料(2人分)**

| | |
|---|---|
| 絹ごし豆腐 | 1丁(300g) |
| 明太子 | 1/2腹(70g) |
| A だし汁 | カップ2 |
| しょうゆ | 小さじ1 |
| 酒 | 大さじ1 |
| みりん | 大さじ1 |
| 片栗粉 | 小さじ2 |
| 青ねぎ | 適宜 |

**作り方**

① 豆腐は3～4cm角の食べやすい大きさに切る。明太子は薄皮に切り目を入れて身をしごき出す。

② 鍋にAと明太子を入れて火にかけ、明太子がほぐれてきたら豆腐を入れて弱火で1～2分煮る。

③ ②の火をいったん止め、同量の水で溶いた片栗粉を回し入れたらよく混ぜる。再び火にかけてサッと煮る。器に盛り、あれば小口切りにした青ねぎをのせる。

---

### さっぱりと口直しができる定番おかず
# きゅうりとわかめの酢の物

**材料(2人分)**

| | |
|---|---|
| きゅうり | 1本 |
| わかめ(乾燥) | 2g |
| かに風味かまぼこ | 1本 |
| しょうがの薄切り | 3枚 |
| A だし汁 | 大さじ1 |
| しょうゆ | 小さじ1 |
| 砂糖 | 小さじ1 |
| 酢 | 大さじ1 |
| いりごま(白) | 少々 |

**作り方**

① きゅうりは薄切りにし、塩少々(分量外)をふって1～2分置き、水けをギュッとしぼる。

② わかめは水につけてもどし、水けをギュッとしぼって食べやすい大きさに切る。かに風味かまぼこはほぐし、しょうがはせん切りにする。

③ Aをボウルに合わせて混ぜ、①と②を加えてよく和える。器に盛り、ごまを散らす。

---

### かにかまを使って作るからお手軽
# かに玉

**材料(2人分)**

| | |
|---|---|
| 卵 | 3個 |
| かに風味かまぼこ | 3本 |
| 長ねぎ | 10cm(15g) |
| 干ししいたけ | 2個 |
| サラダ油 | 大さじ1 |
| 塩、こしょう | 各少々 |
| 青ねぎ | 適宜 |
| A 鶏がらスープの素 | 小さじ1 |
| ケチャップ | 小さじ1 |
| しょうゆ | 大さじ1 |
| 砂糖 | 大さじ1 |
| 酢 | 大さじ1 |
| 水 | カップ1 |
| 酒 | 大さじ1 |
| 片栗粉 | 大さじ1/2 |

**作り方**

① 卵は溶きほぐし、かに風味かまぼこはほぐす。長ねぎは縦半分に切ってから、斜め薄切りにする。干ししいたけは水につけてもどし、軸を切って薄切りにする。もどし汁は大さじ4杯分取っておく。

② Aを混ぜ合わせて鍋に入れる。弱火にかけ、混ぜながらとろみがついたら火を止める。

③ ボウルに①と塩、こしょうを入れてよく混ぜる。

④ 直径20cmほどの小さめのフライパンを中火にかけて油を熱し、③の卵液を流し入れる。菜ばしで混ぜながら焼き、半熟状になったら、フライ返しでひっくり返して弱火で2分ほど焼く。

⑤ 両面が焼けたら皿に滑らせるようにして盛りつけて、②のあんをかけ、好みで小口切りにした青ねぎをのせる。

# ゆうこりん特製！
# パスタ＆ご飯

ブログにアップすると、たくさんのコメントをいただくのがパスタ。カレーをはじめ、チャーハンなどのご飯メニューも、もっと見たいという声をいただきました。旦那さんも私も大好きな特製レシピたちを紹介しますね。

## PASTA
## お手軽パスタ

「パスタのレシピがもっと知りたい!」という声に応えて、旦那さんにも評判がよく、お気に入りでよく作るパスタを大公開します。

香味野菜をじっくり炒めて甘みを出す本格派の味

# ボロネーゼ

### 材料(2人分)
| | |
|---|---|
| スパゲッティ | 160g |
| 合いびき肉 | 150g |
| A 玉ねぎ | 1/2個弱(80g) |
| にんじん | 6cm(60g) |
| セロリ | 1/3本強(40g) |
| にんにく | 1/2かけ |
| トマト水煮缶 | 1缶 |
| 赤ワイン | カップ1/3 |
| バジルの葉 | 2〜3枚 |
| オリーブオイル | 大さじ4 |
| 塩 | 適量 |
| こしょう | 少々 |
| パルメザンチーズ、バジルの葉 | 各適宜 |

### 作り方

① ひき肉は塩小さじ1/2とこしょう少々をふり、Aはみじん切りにする。トマトの水煮はボウルに出して手でつぶす。

② フライパンにオリーブオイルとAを入れ、弱火でじっくり15分ほど炒める。

③ 野菜が色づいたら強火にし、ひき肉を加えてほぐすように炒める。肉の色が変わったら、赤ワインを加えて煮立たせる。

④ ③のフライパンにトマト缶、バジルの葉、塩小さじ1/4、こしょう少々を加えて混ぜたら、蓋をして弱火で30分ほど煮る。蓋をはずし、混ぜながらさらに10分煮て、塩、こしょうで味を調える。

⑤ 鍋にたっぷりの湯を沸かし、塩(分量外)を加えてパッケージの表示通りにパスタをゆでる。ざるに上げて水けをきり、④のソースを好みの量からめて器に盛り、チーズをかけてバジルを添える。

### パスタのゆで方

パスタをゆでるときは、大きめの鍋にたっぷりのお湯を沸かして。お湯1ℓに対して塩小さじ2を加えるのが基本です。塩を入れるのはお湯が沸いてから。水から入れると沸くのが遅くなってしまいます。パスタは鍋の縁に沿ってぐるりと放射線状に入れ、大きくかき混ぜます。かき混ぜすぎに注意しましょう。

### ②のPoint!

香味野菜からうまみと甘さを引き出すため、弱火でじっくり炒めるのがコツ。ときどき混ぜながら焦がさないよう注意して。

### Yuko's comment

ソースは少し多めにできるので、あまったら密閉できる保存袋などに入れて、冷凍保存しておくととても便利ですよ♪

トマトとたこのうまみたっぷりのソースが魅力
# たこのラグーパスタ

### 材料(2人分)
| | | | |
|---|---|---|---|
| スパゲッティ | 160g | 赤唐辛子 | 1本 |
| ゆでだこ | 100g | 白ワイン(酒でもよい) | |
| グリーンアスパラガス | 2本 | | 大さじ1 |
| ミニトマト | 4個 | オリーブオイル | 大さじ1 |
| にんにくのみじん切り | | 塩 | 小さじ1/4 |
| | 小さじ1 | こしょう | 少々 |

### 作り方
① たこは粗みじんに切る。アスパラガスは下半分の皮をピーラーでむいてから1cm幅に切る。ミニトマトはへたを取って縦4等分に切る。

② フライパンにオリーブオイルとにんにく、赤唐辛子を入れて弱火で熱し、香りが立ったら中火にし、たこを入れて1分ほど炒める。白ワインを入れたら強火にしてアルコール分をとばす。

③ ②にアスパラガスとトマトも加えてサッと炒め合わせ、塩、こしょう、水カップ1/3(分量外)を加える。煮立ったら弱火にして蓋をして2分ほど煮る。

④ 鍋にたっぷりの湯を沸かし、塩(分量外)を加えてパッケージの表示通りにパスタをゆでる。ざるに上げて水けをきり、③のソースをからめて器に盛る。

トマトのほのかな酸味でクリーム味があっさり
# サーモンのクリームパスタ

### 材料(2人分)
| | |
|---|---|
| スパゲッティ | 160g |
| スモークサーモン | 60g |
| オクラ | 4本 |
| トマト | 1個(150g) |
| にんにくのみじん切り | 小さじ1 |
| 生クリーム | カップ1/2 |
| 牛乳 | カップ1/2 |
| オリーブオイル | 大さじ1 |
| 塩 | 小さじ1/3 |
| こしょう | 少々 |
| 粗びき黒こしょう | 適宜 |

### 作り方
① オクラは1cm幅の小口切りに、トマトは1cmの角切りにする。サーモンは1cm幅に切る。

② フライパンにオリーブオイルとにんにくを入れて弱火で熱し、香りが立ったら中火にし、トマトを入れてサッと炒める。

③ オクラとサーモンも加えて軽く炒めたら、生クリーム、牛乳、塩、こしょうを加えて弱火で3分ほど煮る。

④ 鍋にたっぷりの湯を沸かし、塩(分量外)を加えてパッケージの表示通りにパスタをゆでる。ざるに上げて水けをきり、③のソースをからめて器に盛って黒こしょうをふる。

かきと好相性のにんにくとバターの風味が豊か

# かきのパスタ

### 材料(2人分)
- スパゲッティ ………………… 160g
- かき ……………………… 10個(180g)
- 水菜 ………………………… 1/5束(40g)
- にんにくのみじん切り …ひとかけ分
- 赤唐辛子 …………………………… 1本
- 酒 ………………………………… 大さじ1
- しょうゆ ………………………… 大さじ1
- バター ………………………………… 10g
- オリーブオイル ………………… 大さじ2
- 塩 ………………………………… 小さじ1/4
- こしょう ………………………………… 少々

### 作り方

① かきは塩水(分量外)でふり洗いして汚れを落とす。しっかりと水けをふき、4個を粗みじんに切る。水菜は3cm長さに切る。

② フライパンにオリーブオイルとにんにく、赤唐辛子を入れて弱火で熱し、香りが立ったら中火にし、かきを入れて焼く。酒を加えて強火でアルコール分をとばしたら、火からおろし、切っていないかきはいったん取り出す。

③ 鍋にたっぷりの湯を沸かし、塩(分量外)を加えてパッケージの表示通りにパスタをゆでる。ゆで汁大さじ3を取り分けたら、ざるに上げて水けをきる。

④ ②のフライパンをあたため、ゆで汁、パスタ、しょうゆ、塩、こしょう、バターを加えてサッと混ぜる。火をとめて最後に水菜を入れてひと混ぜし、器に盛って取っておいたかきをのせる。

### ②のPoint!

かき4個は粗く切ってソースのうまみとして使いましょう。そのまま焼くものはプリッとして、異なる食感もまた魅力です。

### Yuko's comment

パスタを作るときは、仕上がりがパサつかないように、ゆで汁を多めに加えてからめています。これだけでジューシーな仕上がりに。

## レモンの酸味がさわやかな一皿
# 帆立て貝と枝豆の冷製サラダパスタ

### 材料(2人分)
- フェデリーニなど細めのパスタ …… 120g
- 帆立て貝(刺身用) …… 3個(70g)
- 枝豆(ゆでたものをさやつきで) …… 60g
- ベビーリーフ 小1パック(30g)
- ミニトマト …… 4個

**ドレッシング**
- レモン汁 …… 大さじ1
- 白ワインビネガー …… 大さじ1/2
- バルサミコ酢 …… 大さじ1/2
- オリーブオイル …… 大さじ2
- 塩 …… 小さじ1/3
- こしょう …… 少々

### 作り方
1. 帆立て貝は縦4等分に切る。枝豆はさやから出し、ミニトマトはへたを取って縦半分に切る。
2. ボウルにドレッシングの材料を入れてよく混ぜる。
3. 鍋にたっぷりの湯を沸かし、塩(分量外)を加えてパッケージの表示通りにパスタをゆでる。
4. ③を冷水に取り、ざるに上げしっかり水けをきり、②に加え、帆立て貝と枝豆を加えて味をなじませる。ベビーリーフも加えてサッと混ぜ、器に盛ってトマトをちらす。

---

## ソースにはチーズを加えてコク出しを
# なすのペンネアラビアータ

### 材料(2人分)
- ペンネ …… 150g
- なす …… 2本
- スライスベーコン …… 3枚(60g)
- にんにくのみじん切り …… ひとかけ分
- 赤唐辛子 …… 1本
- トマト水煮缶 …… 1/2缶(200g)

**A**
- パルメザンチーズ …… 大さじ1
- 砂糖 …… 小さじ1
- 塩 …… 小さじ1/3
- こしょう …… 少々

- オリーブオイル …… 大さじ1

### 作り方
1. なすは縦に6〜8等分にし、さらに長さを2〜3等分する。ベーコンは1cm幅に切り、トマトの水煮はボウルに出して手でつぶす。
2. フライパンにオリーブオイルとにんにく、赤唐辛子を入れて弱火で熱し、香りが立ったら中火にする。ベーコンを入れて炒め、脂が出てきたらなすを加えて炒め合わせる。
3. 全体に油がなじんだらトマトとAを加え、煮立ったら蓋をして弱火で4〜5分煮る。
4. 鍋にたっぷりの湯を沸かし、塩(分量外)を加えてパッケージの表示通りにパスタをゆでる。ざるに上げて水けをきり、③のソースをからめて器に盛る。

パスタ Pasta

## RICE
## ご飯

食卓に欠かせないご飯のレシピ。ホッとする味わいの炊き込みご飯や、定番人気のチャーハン、パパッと作れる丼ものまでご紹介！

---

昆布だしで炊いた上品でやさしい味わい
### れんこんの炊き込みご飯

**材料（2人分）**
- 米 ………………… 2合
- れんこん ………… 小1/3節（70g）
- にんじん ………… 1/4本（50g）
- 油揚げ …………… 1枚
- 昆布 ……………… 5cm角×3枚
- A
  - しょうゆ …… 大さじ1
  - みりん …… 大さじ1/2
  - 酒 ………… 大さじ2
  - 塩 ………… 小さじ1

**作り方**
1. 米は普通にといでざるに上げ、水360mlに30分つけておく。
2. れんこんは3mm厚さに切り、7mm角程度に切る。薄い酢水（分量外）に1〜2分さらし、水けをきる。にんじんはせん切りに、油揚げは縦半分に切ってから細切りにする。
3. 炊飯器に①とAを入れて混ぜ、②と昆布を一番上にのせ普通に炊く。

---

ほんのりカレー味のミートソースが食欲をそそる
### タコライス

**材料（2人分）**
- 合いびき肉 ………… 150g
- 玉ねぎ ……… 1/2個（100g）
- ピーマン …………… 1個
- にんじん ……… 1/4本（50g）
- にんにくのみじん切り ………… 小さじ1
- A
  - ケチャップ …… 大さじ3
  - カレー粉 ……… 小さじ1
  - しょうゆ ……… 大さじ1
- あたたかいご飯 ……… 茶碗2杯分
- アボカド …………… 1個
- ミニトマト ………… 4個
- ベビーリーフ ……… 小1パック（30g）
- マヨネーズ ………… 適量
- オリーブオイル …… 大さじ1
- 塩、こしょう ……… 各少々

**作り方**
1. 玉ねぎ、ピーマンはみじん切りにし、にんじんはすりおろす。ひき肉には軽く塩、こしょうをする。
2. フライパンにオリーブオイルとにんにくを入れて弱火で熱し、香りが立ったら玉ねぎ、ピーマン、にんじん、塩ひとつまみを加えて中火で炒める。
3. 野菜に火が通ったらひき肉を加えてほぐすように炒め、肉の色が変わったらAを加えて炒め合わせ、塩、こしょうで味を調える。
4. アボカドは皮と種を取って一口大に切り、トマトは縦に4等分にする。
5. 器にご飯を盛って③をのせ、ベビーリーフ、アボカド、トマトをのせてマヨネーズをかける。

---

**Yuko's comment**
にんじんはみじん切りにすると手間がかかるし、火も通りにくいので、すりおろして入れます。これで時短クッキングに♪

ご飯 Rice

刺激的な辛さにかぼちゃの甘みがマッチ
# グリーンカレー

### 材料(4人分)
鶏むね肉 ……………… 150g
かぼちゃ …… 1/4個(350g)
なす ……………………… 2本
しめじ …… 1パック(100g)
バジルの葉 ……… 4～5枚
グリーンカレーペースト
………………………… 50g

A
| ココナッツミルク
　………… 1缶(400ml)
鶏がらスープの素
　………………… 小さじ1
ナンプラー … 大さじ1
砂糖 ………… 大さじ1

オリーブオイル… 大さじ1/2
あたたかいご飯 …… 適量
バジルの葉(飾り用)… 適宜

### 作り方
① 鶏肉はそぎ切りにして食べやすい大きさに。かぼちゃは1cm幅のくし形切りにして、2cm長さに切る。なすは縦に6～8等分にし、さらに長さを3等分する。しめじは石づきを切り落としてほぐす。

② フライパンにオリーブオイルを熱し、カレーペーストを入れて弱火で1～2分炒める。香りが立ってきたら、鶏肉、なす、しめじの順に加えて炒め合わせる。

③ 肉の色が変わったら水300ml(分量外)、Aとかぼちゃを加え、煮立ったら蓋をして弱火で7～8分煮る。

④ 最後にバジルの葉をちぎって入れてひと煮する。器に盛って、バジルをのせたご飯を添える。

じゃこのうまみが効いたあっさりとしたおいしさ
# ちりめんじゃこのチャーハン

### 材料(2人分)
あたたかいご飯 ……………………… 300g
ちりめんじゃこ ……………………… 15g
玉ねぎ ……………………… 1/4個(50g)
卵 ……………………………………… 2個
青ねぎ ………………………………… 1本

A
| しょうゆ ……………………… 小さじ1
鶏がらスープの素 ………… 小さじ1/3
塩 …………………………… 小さじ1/4
こしょう ……………………………… 少々

サラダ油 ……………………… 大さじ1
ごま油 ……………………… 大さじ1/2
塩、こしょう ………………………… 各少々

### 作り方
① 玉ねぎはみじん切りに、青ねぎは小口切りにする。卵は溶きほぐし、塩、こしょうを加える。

② フライパンにサラダ油大さじ1を入れて中火で熱し、卵を流し入れて混ぜ、半熟になったら取り出す。

③ ②のフライパンにごま油大さじ1/2を足して中火で玉ねぎを炒め、しんなりしたらご飯、②の卵、じゃこを加える。ご飯をほぐすように炒めたら、Aを加えて調味する。

④ ③を器に盛り、青ねぎを散らす。

73

チャーシューとしいたけのうまみが香る
## きのこの中華風炊き込みご飯

### 材料(2人分)
| | | | |
|---|---|---|---|
| 米 | 2合 | しいたけの戻し汁に水を足したもの | 360ml |
| チャーシュー | 80g | | |
| 干ししいたけ | 3個 | A オイスターソース | 小さじ1 |
| にんじん | 1/4本(50g) | しょうゆ | 大さじ1 |
| しめじ | 1/2パック(50g) | 酒 | 大さじ2 |
| 長ねぎ | 15cm(25g) | ごま油 | 大さじ1 |
| | | 塩 | 小さじ1/2 |

### 作り方
① 干ししいたけは、つかる程度の水につけてもどし、もどし汁は取っておく。米は普通に研いでざるに上げ、もどし汁に水を合わせて360mlにしたものを注いで30分浸水させる。

② 戻したしいたけは軸を取り、チャーシュー、にんじんとともに1cm角に切る。しめじは石づきを切ってほぐし、長さを半分に切る。長ねぎは縦半分に切って1cm幅に切る。

③ 炊飯器に①とAを入れて混ぜ、②をのせて普通に炊く。

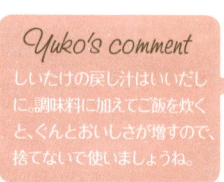

**Yuko's comment**
しいたけの戻し汁はいいだしに。調味料に加えてご飯を炊くと、ぐんとおいしさが増すので、捨てないで使いましょうね。

---

材料を切ってたれにからめるだけの時短メニュー
## まぐろアボカド丼

### 材料(2人分)
| | |
|---|---|
| まぐろ(刺身用) | 100g |
| アボカド | 1個 |
| 青ねぎ | 適宜 |
| A おろしにんにく | 少々 |
| いりごま(白) | 大さじ1/2 |
| コチュジャン | 小さじ1 |
| しょうゆ | 大さじ2 |
| 砂糖 | 大さじ1 |
| 酒 | 大さじ1 |
| ごま油 | 小さじ1 |
| 酢 | 小さじ1 |
| あたたかいご飯 | 適量 |

### 作り方
① まぐろとアボカドは一口大に切る。

② Aはよく混ぜ合わせ、①にからめて冷蔵庫に15分ほど入れて味をなじませる。

③ 器にご飯を盛って、②と青ねぎの小口切りをのせる。

# ビューティ&ヘルシー！
# サラダ、スープ、スイーツ

この章では女性の皆さんはきっと好きになってくれる、サラダやスープ、そして私も大好きなスイーツのレシピを集めました。スープやサラダは、具だくさんで美容にいいレシピもありますよ。食べてきれいになりましょう。

# SALAD
## サラダ

主菜になりそうなものから箸休めの一皿まで、バラエティーに富んだサラダたちです。

---

野菜たっぷり！ 主菜にもなるボリュームのある一品

## チキンのハニーマスタードサラダ

### 材料(2人分)

| | |
|---|---|
| 鶏もも肉 | 150g |
| セロリ | 1/2本(50g) |
| アボカド | 1個(200g) |
| ミニトマト | 4個 |
| レモン汁 | 小さじ1 |

A：
- 粒マスタード　大さじ1
- はちみつ　小さじ2
- しょうゆ　小さじ1

塩、こしょう　各少々
オリーブオイル　大さじ1/2

### 作り方

① 鶏肉は厚い部分を包丁で開いて厚みを均等にし、塩、こしょうをする。

② フライパンにオリーブオイルを熱し、鶏肉を皮目を下にして入れる。強火で焼き、皮目に焼き色がついたら裏返し、蓋をして弱火で3〜4分焼いて火を通す。取り出して、粗熱が取れたら一口大に切る。

③ セロリは筋を取って1cm幅に切り、アボカドは皮と種を除いて1cm角に、ミニトマトは食べやすい大きさに切る。Aは混ぜ合わせる。

④ ボウルにアボカドとレモン汁を入れて混ぜ、Aと鶏肉、セロリも加えて混ぜ、最後にミニトマトを加えて混ぜる。

**①の Point!**

鶏もも肉は身の厚みが違う部分があるので、厚い部分の身を包丁で開いて均等にしてから焼きます。これで火の通りにムラがなくなって、上手に焼けますよ。このひと手間が大事！

---

甘ずっぱくてさわやかなデザート感覚のサラダ

## 柿とさつま芋のサラダ

### 材料(2人分)

| | |
|---|---|
| さつま芋 | 1/2本(150g) |
| 柿 | 1個(150g) |
| レーズン | 大さじ1 |

A：
- プレーンヨーグルト　大さじ2
- はちみつ　小さじ1
- マヨネーズ　大さじ1

### 作り方

① さつま芋は皮つきのまま3cm長さの拍子木切りにし、2〜3分水にさらして水けをきる。耐熱容器に入れてふんわりラップをし、電子レンジで4〜5分、やわらかくなるまで加熱して冷ます。

② 柿は4等分に切って皮をむき、5mm幅に切る。レーズンはやわらかくなるまで水で戻し、水けをきる。

③ ボウルにAを入れて混ぜ、①と②を加えて和える。

**①の Point!**

さつま芋は電子レンジで加熱します。小さめの棒状に切ることで、火が通りやすくなって時短につながります。レンジ加熱はほかの作業をしながらできて便利ですよね。

ごま風味豊かなたれがやわらかな鶏肉にマッチ

## 棒々鶏サラダ

### 材料(2人分)
鶏むね肉 …………150g
きゅうり ……………1本
トマト ………1個(150g)

**ごまだれ**
| 芝麻醬（チーマージャン） | 大さじ2 |
| 長ねぎのみじん切り | 大さじ1 |
| 砂糖 | 大さじ1 |
| 酢 | 大さじ1 |
| しょうゆ | 大さじ2 |
| ラー油 | 小さじ1 |
| ごま油 | 大さじ1/2 |
| いりごま(白) | 大さじ1/2 |

酒 …………… 大さじ2
塩、こしょう……… 各少々

### 作り方
❶ 鶏肉は耐熱皿に入れ、塩、こしょう、酒をふる。ふんわりラップをして、電子レンジで5分ほど加熱し、そのまま冷まず。冷めたら皮をのぞいて、身を食べやすく裂く。

❷ きゅうりはせん切りにし、トマトは縦に2等分にして5mm幅に切る。

❸ ごまだれの材料を合わせ、よく混ぜる。

❹ 器にきゅうり、トマト、鶏肉の順に盛りつけ、③をかける。

---

甘ずっぱい味つけがなすや香味野菜と好相性

## なすのさっぱりサラダ

### 材料(2人分)
なす ……………………… 2本
大葉 ……………………… 5枚
みょうが ………………… 1個
ミニトマト ……………… 2個

A
| しょうゆ | 大さじ1 |
| 酢 | 大さじ1 |
| 砂糖 | 小さじ1/2 |
| 塩 | 少々 |
| こしょう | 少々 |

オリーブオイル ………… 大さじ1と1/2

### 作り方
❶ なすはへたを取り小さめの乱切りにする。大葉とみょうがはせん切りにし、ミニトマトは縦4等分にする。

❷ ボウルにAを入れて混ぜる。

❸ フライパンにオリーブオイルを熱し、なすを入れて中火で全体に油をからめるよう炒めたら、蓋をして弱火で3分ほど焼き、熱いうちに②に加える。

❹ ③の粗熱が取れたら大葉、みょうが、ミニトマトを加える。ざっと混ぜて冷蔵庫に15分ほど入れて味をなじませる。

サラダ Salad

クリーミーでまろやかなソースで野菜が進む

## バーニャカウダ

#### 材料(2人分)

| | |
|---|---|
| きゅうり……………1本 | アンチョビペースト |
| にんじん……1/2本(80g) | ……………小さじ1強 |
| ブロッコリー…5〜6房(90g) | A オリーブオイル |
| じゃが芋……1/2個(80g) | ……………大さじ1 |
| さつま芋……1/3本(80g) | 生クリーム…カップ1/2 |
| にんにく……………2かけ | バター…………大さじ1 |
| 牛乳……………カップ1/3 | |

#### 作り方

① きゅうりは長さを半分に切って縦に6等分に、にんじんは皮をむいて5〜6cm長さの拍子木切りにする。じゃが芋は皮をむき半月切りに、さつま芋は皮のまま5mm幅の輪切りにし、サッと水にさらしてから水からゆでる。ブロッコリーは小房に切り、熱湯で色よくゆでる。

② 鍋ににんにく、牛乳、水カップ1/3(分量外)を入れる。弱火でにんにくがやわらかくなるまで10分ほど煮る。にんにくは取り出してフォークなどでペースト状になるまでつぶす。

③ Aを②の鍋に入れてつぶしたにんにくを加え、弱火にかけてとろみがつくまでまぜる。

④ ①を器に盛り、③を添える。

マヨしょうゆが帆立てのうまみを引き立てる

## 大根と帆立て缶のサラダ

#### 材料(2人分)

大根……………6cm(150g)
帆立て水煮缶
……………小1缶(70g)
貝割れ菜……1パック(30g)
A マヨネーズ…大さじ1と1/2
　しょうゆ………大さじ1/2

#### 作り方

① 大根は皮をむきせん切りにする。キッチンペーパーに包みギュッとしぼり、水けをきる。貝割れ菜は根元を切り落とす。

② ボウルにAを入れて混ぜ、缶汁をきってほぐした帆立て、大根を加えて和え、貝割れ菜も加えてサッと混ぜる。

## Soup スープ

バランスのいい食事には汁ものが欠かせません。食べるとホッとするスープをご紹介します。

帆立て缶を汁ごと加えてうまみ出し

# 帆立てとしめじのチャウダー

### 材料(2人分)
| | |
|---|---|
| 帆立て水煮缶 | 小1缶(70g) |
| スライスベーコン | 2枚 |
| 玉ねぎ | 1/2個(100g) |
| しめじ | 1/2パック(50g) |
| じゃが芋 | 1個(150g) |
| バター | 大さじ1 |
| 薄力粉 | 大さじ1 |
| 牛乳 | カップ1 |
| 塩 | 小さじ1/2 |
| こしょう | 少々 |

### 作り方

① ベーコンは7mm幅に切り、玉ねぎはみじん切りにする。

② しめじは石づきを切り落としてほぐし、じゃが芋は皮をむき、1cm角に切って水に5分ほどさらして水けをきる。

③ 鍋にバターを入れて中火で熱し、①を炒める。玉ねぎが透きとおってきたら②も加えて炒める。

④ しめじがしんなりしたら薄力粉を加えてさらに炒めて、水カップ1(分量外)と、帆立て缶を汁ごと加える。

⑤ 煮立ったら蓋をして弱火で7〜8分煮て、じゃが芋がやわらかくなったら牛乳、塩、こしょうを加えてひと煮する。

### ④のPoint!

帆立て缶は、中身はもちろん、缶汁もスープに加えることでうまみがグンとアップしますよ。野菜やしめじ、ベーコンからもだしが出るので、スープの素を加えなくても十分おいしいのです。

クリーミーさにトマトの酸味を加えてあっさりと

## チキンときのこのトマトクリームスープ

### 材料(3〜4人分)

| | |
|---|---|
| 鶏もも肉 …………… 100g | 生クリーム ………… 50mℓ |
| まいたけ … 2/3パック(70g) | 牛乳 ………… カップ1/2 |
| エリンギ … 2/3パック(70g) | オリーブオイル … 大さじ1/2 |
| トマト水煮缶(カットタイプ) | 塩 …………… 小さじ1/2 |
| …………… 1/2缶(200g) | こしょう …………… 少々 |
| にんにく …………… 半かけ | パセリのみじん切り … 適宜 |

### 作り方

① 鶏肉は全体に塩、こしょう各少々(分量外)をふり、一口大に切る。

② まいたけは石づきを切り落としてほぐし、エリンギは長さを半分に切って縦に薄切りにする。

③ 鍋にオリーブオイルとにんにくを入れて火にかける。香りがしたら鶏肉を中火でサッと炒める。肉の色が変わったら②を加えて炒める。

④ きのこがしんなりしたら水カップ1(分量外)、トマト缶、塩、こしょうを加え味を調える、煮立ったら蓋をして弱火で5分ほど煮る。

⑤ ④に生クリームと牛乳を加えてひと煮し、器に盛ってパセリをふる。

---

口の中でほろっとくずれるやわらかなつみれ

## いわしのつみれ汁

### 材料(2人分)

**つみれ**
- いわし……… 2尾(200g)
- 長ねぎのみじん切り ……… 20g
- しょうが汁…… 大さじ1/2
- 酒 ………… 大さじ1
- みそ………… 大さじ1/2
- 片栗粉 ……… 大さじ1

- しいたけ …………… 2個
- 三つ葉 …………… 適宜
- だし汁 …………… カップ2
- **A** しょうゆ …… 小さじ1/2
- みりん………… 小さじ1
- 塩………… 小さじ1/4

### 作り方

① つみれを作る。いわしは三枚におろし、つみれの材料すべてをフードプロセッサーに入れ、なめらかになるまで攪拌(かくはん)する。

② しいたけは軸を切り落として縦4等分にし、三つ葉は3〜4cm長さに切る。

③ 鍋にだし汁を入れて火にかけ、煮立ったら弱火にして、①をスプーンなどですくってだんご状にして加える。

④ つみれが浮いてきたら**A**で調味し、しいたけを加えて1〜2分煮る。器に盛り、三つ葉を散らす。

**Yuko's comment**
つみれは息子が大好きで、作るとパクパク食べてくれます。息子用は塩分控えめで。

辛さは控えめで豚肉とあさりのだしが効いた味

# スンドゥブ

### 材料(2人分)
| | |
|---|---|
| 豚ばら薄切り肉 | 80g |
| あさり | 200g |
| 豆もやし | 1/2袋(100g) |
| 絹ごし豆腐 | 1/2丁(150g) |
| 卵 | 1個 |
| にんにくのみじん切り | 小さじ1 |

A
| | |
|---|---|
| 酒 | 大さじ1 |
| 水 | カップ2 |
| コチュジャン | 小さじ2 |
| しょうゆ | 大さじ1 |
| 砂糖 | 小さじ1/2 |
| 白菜キムチ | 100g |
| ごま油 | 大さじ1/2 |

### 作り方

① 豚肉は4cm幅に切る。あさりは濃いめの塩水(分量外)につけて砂抜きし、水洗いして水けをきる。

② 鍋に油を熱してにんにくを炒める。香りがしたら中火で豚肉を炒め、肉の色が変わったらあさりを加えて炒める。Aの材料を順に入れ、煮立ったら蓋をして弱火で4〜5分煮る。

③ ②に豆もやしを加え、豆腐をスプーンですくって加える。再び煮立ったら1〜2分煮て、卵を落とし入れる。

**Yuko's comment**
わが家では、キムチは酸味が少なく甘みのあるものを使っています。卵を溶いて食べると辛さがマイルドになりますよ♪

---

黒酢を使ったまろやかな酸味のとろみスープ

# 酸辣湯(サンラータン)

### 材料(4人分)
| | |
|---|---|
| 豚もも薄切り肉 | 60g |
| にんじん | 1/4本(50g) |
| 干ししいたけ | 2個 |
| 絹ごし豆腐 | 1/4丁(70g) |
| 卵 | 1個 |
| しょうがのせん切り | 薄切り2枚分 |
| 酒 | 大さじ1 |
| しょうゆ | 大さじ1 |
| 砂糖 | 大さじ1 |
| 鶏がらスープの素 | 大さじ1 |
| 片栗粉 | 小さじ1 |
| 黒酢 | 大さじ1 |
| ごま油 | 大さじ1/2 |
| ラー油 | 適宜 |
| サラダ油 | 大さじ1/2 |

### 作り方

① 豚肉は細切りにする。にんじんは3cm長さのせん切りに、干ししいたけはかぶる程度の水につけて戻し、軸を切って薄切りにする。豆腐は3cm長さで5mm角の棒状に切り、卵は溶く。

② 鍋にサラダ油を熱して中火で豚肉を炒め、肉の色が変わったらにんじん、しいたけ、しょうがを加えて炒める。

③ 野菜がしんなりしたら酒を加えて炒める。水カップ3(分量外)、鶏がらスープの素、しょうゆ、砂糖も加え、煮立ったら弱火にして蓋をして2〜3分煮る。

④ 片栗粉は水大さじ1(分量外)で溶き、いったん火を止めて③にまわし入れる。再び火にかけて混ぜ、豆腐を加えて卵をまわし入れ、黒酢とごま油を加えてサッと混ぜ、好みの量のラー油をふる。

## たいのうまみを生かした上品な味
# たいのゆずこしょうスープ

**材料（2〜3人分）**

| | |
|---|---|
| たい(切り身) …… 2切れ(160g) | |
| 白菜 …… 小1枚(80g) | |
| しめじ …… 1/2パック(50g) | |
| だし汁 …… カップ2 | |

A
- しょうゆ …… 小さじ1/2
- 酒 …… 大さじ1
- みりん …… 小さじ1
- 塩 …… 小さじ1/4

ゆずこしょう …… 適量
塩 …… 少々

**作り方**

① たいはそれぞれ3等分に切って塩少々をふって5分ほどおく。水でサッと洗って水けはしっかりふき取る。

② 白菜の葉は縦半分に切ってから2〜3cm幅に切る。しめじは石づきを取り除いてほぐす。

③ 鍋にだし汁を入れて火にかけ、煮立ったら①と②を加える。再び煮立ったら蓋をし、弱火で3〜4分煮る。

④ 野菜がやわらかくなったらAを加えて調味する。器に盛り、ゆずこしょうを添える。

**①のPoint!**
たいは調理前に塩をふってしばらくおき、出た水けを取り除くと生臭みが抜けておいしく仕上がりますよ。

---

## 隠し味のみそがポイントのやさしいおいしさ
# にんじんとごぼうの豆乳ポタージュ

**材料（2〜3人分）**

- にんじん …… 1本(200g)
- ごぼう(大) …… 1/2本(150g)
- 玉ねぎ …… 1/2個(100g)
- 調整豆乳 …… カップ2
- みそ …… 小さじ1
- バター …… 大さじ1
- 塩 …… 小さじ1/2
- こしょう …… 少々

**作り方**

① にんじんとごぼうは薄い斜め切りに、玉ねぎも薄切りにする。ごぼうは2〜3分水にさらして水けをきる。

② 鍋にバターを熱し、玉ねぎ、にんじんをしんなりするまで弱火で15分以上炒める。ごぼうを加えてさらに2〜3分炒める。

③ ②の鍋に水カップ1（分量外）、塩、こしょうを加え、煮立ったら蓋をして弱火で10分ほど煮る。

④ 粗熱がとれたら③をミキサーに入れてなめらかになるまで攪拌し、鍋に戻し入れる。豆乳を加えてあたため、みそを溶く。

**②のPoint!**
野菜は弱火でじっくり焦げないように炒めると、うまみが出ます。お鍋を火にかけて、ほかのお料理もしながら、ときどき混ぜればOKです。

**Yuko's comment**
塩分を控えて、息子の離乳食としてもよく作りました。お野菜の甘みもあるせいか、たくさん食べてくれました。

スープ Soup

しょうがの風味が効いて体あたため効果も大

# 豚汁

### 材料(2人分)
| | | | |
|---|---|---|---|
| 豚ばら肉 | 60g | おろししょうが | 小さじ1 |
| 大根 | 3.5cm(80g) | だし汁 | カップ2 |
| にんじん | 1/4本(50g) | A みそ | 大さじ2 |
| ごぼう | 1/3本(70g) | A みりん | 小さじ1 |
| しいたけ | 2個 | A しょうゆ | 小さじ1/2 |
| 青ねぎ | 1本 | ごま油 | 小さじ1 |

### 作り方

① 豚肉は1cm幅に切る。

② 大根は3mm厚さのいちょう切り、にんじんは3mm厚さの半月切りにする。ごぼうは皮をこそげて小さめの乱切りにして、水に2〜3分さらして水けをきる。しいたけは軸を切って縦に4等分にし、青ねぎは小口切りにする。

③ 鍋に油を熱し、中火で豚肉を炒める。肉の色が変わったら青ねぎ以外の②を加えて炒める。

④ 油がまわったらだし汁を加え、煮立ったらあくを取って蓋をして、弱火で10分ほど煮る。

⑤ 野菜がやわらかくなったら、Aをよく溶いて入れて火を止める。器に盛り、青ねぎとしょうがを添える。

*Yuko's comment*
お好みで七味唐辛子などをふってもおいしいです。唐辛子好きの旦那さんはいつもたくさんかけています。

---

さつま芋入りで甘めのスープ。体がほわっとあたたまる

# ポトフ

### 材料(2人分)
| | | | |
|---|---|---|---|
| ブロックベーコン | 60g | A 洋風スープの素 | 小さじ2 |
| ウインナーソーセージ | 2本 | A ローリエ | 1枚 |
| 玉ねぎ | 小1個(80g) | A 水 | カップ4 |
| にんじん | 1/2本(100g) | 塩、こしょう | 各少々 |
| さつま芋 | 1/2本(120g) | | |
| キャベツ | 1/8個(150g) | | |

### 作り方

① ベーコンは5mm厚さに、ウインナーは斜め半分に切る。玉ねぎは縦に4等分にし、にんじんは長さを半分に切って縦半分に、さつま芋は縦半分に切る。キャベツは横に半分に切る。

② 鍋にAとベーコン、玉ねぎ、にんじんを入れて中火にかけ、煮立ったら蓋をして弱火で20分ほど煮る。

③ ②の鍋にキャベツを加えて10分ほど煮たら、さつま芋とウインナーを加え、蓋をして弱火で10分ほど煮る。野菜がくったり煮えたら、塩、こしょうで味を調える。

## SWEETS
## スイーツ

一口で食べた人を幸せにしてくれるスイーツの力♥ お茶の時間に、食後にゆっくり楽しんで。

---

生地がとろっとやわらかなあったかデザート

# いちごのクラフティ

### 材料(16×22cmのオーバル型1台分)
いちご……………………………… 1パック(300g)
A｜ 卵 ……………………………………………… 2個
　｜ 牛乳 …………………………………… カップ1/3
　｜ 生クリーム …………………………… カップ1/3
　｜ 砂糖 …………………………………………… 100g
　｜ 薄力粉 ………………………………………… 50g
　｜ バニラエッセンス(またはバニラオイル)…… 適量
バニラアイスクリーム ………………………… 適量
チャービル ……………………………………… 適宜

### 作り方
① いちごは洗ってへたを取っておく。オーブンは200℃に予熱する。

② 卵はボウルに溶きほぐし、Aのほかの材料を順に入れてよく混ぜる。薄力粉はざるなどでふるいながら入れて混ぜる。

③ グラタン皿などの耐熱容器に②を流し入れ、いちごをのせる。200℃のオーブンに入れて40分ほど焼く。

④ 器に盛り、バニラアイスとあればチャービルを添える。

### ③のPoint!
生地の材料をすべて混ぜ、いちごをのせて焼くだけです。むっちりした生地はカスタードクリームのような味わいで、熱々のままでも冷蔵庫で冷やして食べてもおいしいんです。

---

バニラが香るクリーミーな味わいが魅力

# ミルクババロア

### 材料(4人分)
牛乳 ……………………………………… 250㎖
卵黄 ……………………………………… 2個分
砂糖 ……………………………………… 50g
バニラビーンズ(バニラエッセンス
1〜2滴でもよい) ………………… 1/2本
粉ゼラチン ……………………………… 8g
生クリーム ……………………………… 200㎖
いちごジャム …………………………… 適量
ミントの葉 ……………………………… 適宜

### 作り方
① ボウルに卵黄と砂糖を入れて、泡立て器で白っぽくなるまで混ぜる。

② 鍋に牛乳とバニラビーンズ(またはバニラエッセンス)を入れて中火にかけ、沸騰直前になったら弱火にして①を入れる。粉ゼラチンも加え、溶けたら火からおろす。生クリームを加えて混ぜたら、カップに注ぐ。

③ ②を冷蔵庫で冷やし固め、いちごジャムとあればミントの葉を添える。

## ふんわり軽い食感の素朴なおいしさが魅力
# マーブルケーキ

**材料(底辺17×7cm、上部18×8cm、高さ6cmのパウンドケーキ型1本分)**

| A | 薄力粉 ……… 100g<br>ベーキングパウダー<br>……… 小さじ1<br>アーモンドプードル<br>……… 30g | | バター(無塩) ……… 100g<br>砂糖 ……… 90g<br>卵 ……… 2個 |
|---|---|---|---|
| | | B | ココア ……… 10g<br>砂糖 ……… 10g |

**作り方**

① バターは常温に戻してボウルに入れ、砂糖を加えてよく混ぜる。オーブンは170℃に予熱しておく。

② 卵を溶きほぐし、①に少しずつ加えて混ぜる。**A**もざるなどに入れてふるいながら加え、さっくりと混ぜる。

③ ②の生地の半量をボウルに入れ、混ぜ合わせた**B**を入れて混ぜる。

④ 型に②の残りを流し込み、その上に③を流し入れる。スプーンで3回ほど混ぜてマーブル状にしたら、トントンと型ごと軽く落として空気を抜き、中央をスプーンで軽くぼませる。

⑤ 型を天パンにのせ、170℃のオーブンで50分ほど焼く。竹串を刺して、生地がつかなければOK。型からはずし、切り分けて器に盛る。

**④のPoint!**
普通の生地と、ココアを混ぜ込んだ生地を重ねて入れたら、スプーンで大きく3回くらい混ぜるとマーブル生地になって焼きあがります。混ぜ方によって模様が違ってくるのも楽しいんです。

## すりおろしにんじんと豆乳を入れてヘルシーに
# にんじんパンケーキ

**材料(直径12cm×6枚分)**

にんじん ……… 1/2本 (100g)
調整豆乳 ……… 150㎖
プレーンヨーグルト ……… 50g
卵 ……… 1個
砂糖 ……… 30g
A │ 薄力粉 ……… 200g
　│ ベーキングパウダー … 小さじ1
サラダ油 ……… 少々
バター、メープルシロップ … 各適宜

**作り方**

① 卵を溶き、砂糖を加えてよく混ぜる。

② にんじんはすりおろし、豆乳、プレーンヨーグルトとともに①に加えてよく混ぜる。

③ **A**をざるなどでふるいながら②に加えて混ぜたら、ラップをして15分ほど休ませる。

④ フライパンを中火で熱し、ぬれぶきんに取って少し冷ます。再び弱火にかけ、油をひいておたまで生地を丸く流し入れる。弱火のまま3分ほど焼き、プツプツと気泡が出てきたら裏返し、1〜2分焼く。

⑤ 器に盛って、バターとメープルシロップを添える。

しっとりと濃厚なのに口どけのいいケーキ

# ガトーショコラ

### 材料(直径18cmの型1台分)
| | |
|---|---|
| 板チョコレート……200g | バター(無塩)……150g |
| 薄力粉……50g | バター……適量 |
| 卵……4個 | 粉砂糖……適宜 |
| 砂糖……100g | |

### 作り方

1. チョコレートは適当に割って耐熱容器に入れる。ふんわりとラップをして、電子レンジで2分ほど加熱して溶かす。卵は卵黄と卵白に分け、オーブンは180℃に予熱しておく。

2. バター(無塩)は常温に戻し、砂糖50gを加えてよく混ぜる。溶いた卵黄を少しずつ加えて混ぜ、続いてチョコレートを入れて混ぜる。

3. 卵白はボウルに入れて泡立てる。泡立ってきたら砂糖50gを2～3回に分けて入れ、しっかり角が立ったメレンゲを作る。

4. ②に薄力粉をざるなどでふるいながら加え、木ベラでさっくり混ぜたら、③の1/3量を加えて泡をつぶさないように混ぜ、混ざったら同様に繰り返してメレンゲをすべて混ぜる。

5. 型の内側に薄くバターを塗り、④を流し込む。型を天パンにのせ、180℃のオーブンで30分ほど焼く。竹串を刺して、生地がつかなければOK。型からはずし、切り分けて器に盛り、あれば粉砂糖をふる。

### ③のPoint!
しっとりした食感にするには、メレンゲの泡立て方がカギです。大きめの泡立て器を使って、しっかり角が立つまで泡立てましょうね。電動の泡立て器があると、短時間で角が立つし手も疲れません。

---

バナナにヨーグルトを入れて凍らせるだけの簡単さ

# バナナとヨーグルトのアイスクリーム

### 材料(2～3人分)
- バナナ(よく熟したもの)…3本
- プレーンヨーグルト……200g
- はちみつ……大さじ3
- レモン汁……大さじ2
- グラハムビスケット(なければビスケット)……3枚

### 作り方

1. バナナをボウルに入れてレモン汁を加え、フォークで細かくなるまでつぶす。

2. ①にヨーグルトとはちみつを入れてよく混ぜる。

3. ②をバットなどに広げ、冷凍庫に入れて冷やし固める。途中、1時間ごとに取り出して全体を混ぜる作業を3回繰り返す。

4. グラハムビスケットは粗くくだき、食べる直前に③に加えて混ぜて器に盛る。

# 大活躍の調味料

調味料もいろいろ試すのが大好きです。出産して息子ができてからは、成分などにもこだわるようになりました。ママ友に教えてもらったり、自分で見つけたりして愛用しているお気に入りを紹介します♪

### ママ友から勧められたトマトケチャップ

←「完熟トマトをはじめ、使っている素材すべてがオーガニックだという飛騨高山ファクトリーの『オーガニックとまとケチャップ』。ちょっと甘めで子どもも好きな味。おいしくて安心というのがお気に入りなんです♪」

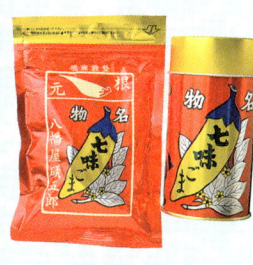

### 酸味がまろやかでおいしい黒酢

↑「内堀醸造の『臨醐山黒酢』は、酸味がまろやかでうまみが深いのが好きなところ。はちみつを加えてお水で割って、飲んでもおいしいです」

### 辛いもの好きな旦那さんのために常備

←「旦那さんは辛いものが大好き。これは八幡屋礒五郎の『七味ごま』で、入れ替え用のパックをいつも切らさないように買いおきしているほどのお気に入りです」

### ゆずが香るロングセラーのポン酢です

→「高知県馬路村の『ゆずの村』というポン酢。おひたしにかけたり、オイルと合わせてドレッシングにしたりと、応用範囲も広いです。この味が好きでずっと使っています」

### 日常使いしているパスタはこの2種類

↑「家でパスタを作るときによく使うのが、『バリラ』（上）と『ヴォイエロ』（下）です。どんなソースともよくからむし、おいしいアルデンテが作れるので、愛用しています」

### 探して出合ったバルサミコ酢

←「バルサミコ酢を探して、やっと出合った好みの味です。ディーン＆デルーカで見つけた『レオナルディ バルサミコビネガー クラシック』。甘さとほろ苦さのバランスがいいんです」

### ミネラル豊富なメープルシロップ

→「息子のおやつを作るときの甘みとしても活用している千代田コーポレーションの『メープルシロップ』。昔ながらの作り方で添加物などが入っていないので安心です。これもママ友から教えてもらいました」

### 安価＆原材料のシンプルさにひかれました

↑「イオンの『トップバリュ』ブランドのおみそです。お手頃価格なのにおいしいし、原材料が米、大豆、塩とシンプルなのも安心できます」

### 息子のおやつを作るときに使っている菜種油

→「おだしのパックなども愛用している茅乃舎の『菜種油』。クッキーなど息子のおやつを手作りするときや、お料理にも使っています」

---

**教えて！ゆうこりん**

**Q** いつも調味料をあまらせて賞味期限が切れてしまいます

**A** 「新しい調味料を見つけるとつい買ってしまい、使い切れずにあまらせてしまうことって私にもあります。そういう経験も経て、使ったことのない調味料を買うときは、容量の少ないものを選んで試すようにしています。調味料は、いろいろ使ってみるのが楽しいですよね。意外なおいしさを発見できるかもしれません」

# 全部見せます！
# 自宅キッチン&リビング大公開

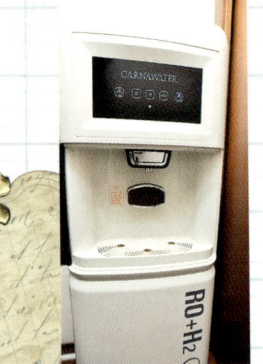

電子レンジ、炊飯器、ホームベーカリーは朝食セットの横が定位置に。

ヴィンテージダーリンエプロン／アモリコ（アモリコ 渋谷ヒカリエShinQs店）　花柄カーディガン、ツイードショートパンツ／ジル スチュアート　ネックレス／ジュピター（ジュピター代官山）　カチューシャ／ステラハリウッド（ステラハリウッド カスタマーセンター）　ビジューレーストラベルシューズ（巾着SET）／ウフドゥー　靴下／スタイリスト私物

「ここがわが家のキッチンです♪」すっきりと片づいて使いやすそう！

## キッチン

ゆうこりんのお料理が生み出されるキッチンは清潔感にあふれ、使いやすく収納されていました。

写真上・「お友達から水素水が体にいいと聞き、サーバーを導入しました。水道直結型で便利です」 写真下・作業台下の引き出しには、ざるやボウルなど調理に使う道具を収納。

いつも清潔でピカピカな理由は、毎日こまめに拭き掃除をしているから。

シンクの向かいのスペースには、朝食セットを。スムージー用のバイタミックスやエスプレッソマシーン、シリアルなどをひとまとめに。

収納棚や引き出しを開けると、器や調理器具がきちんと整頓されています。食器は和と洋に分け、さらに大きさや形を合わせて収納を。調理器具もよく使うものは手前に、そうでないものは後ろと、使い勝手を考えているところが見事！

ポップなアイス形のキャニスターの中は？「息子のお菓子が入ってます」

スーパーのレジ袋もたたんで、使う分だけかわいいかごに。

根菜や果物はカラフルな容器に入れて。バナナもこうして吊るすとかわいい♪

「中華だしのウェイパァーは好きでよく使います」

コンロに近いスペースにはスパイスやパスタなど乾物を収納。塩、こしょうは料理によって数種類を使い分け。

88 Homerare♥Gohan

# 冷蔵庫

初公開！ ゆうこりんの冷蔵庫って、何が入っているの？ しっかりのぞかせていただきました。

Open!

大きな扉を開けると……。冷蔵庫の中もきれい！ 調味料もびんの高さを合わせて収納。

「お鍋の中身は朝食で残ったおみそ汁。お昼に火を通していただきます」ご飯は炊きたてを1膳分ずつに分けて冷凍保存。ギョーザの作り置きも発見。

「かぼちゃの煮物は息子のごはんにいつも作り置きしています」野菜は鮮度が落ちるので必要な分だけに。また食材は種類別に密閉袋に入れて冷蔵＆冷凍保存を。庫内が一目瞭然なのが見事。

## お気に入りキッチンスタイル

ゆうこりんが愛用している私物のエプロンやキッチンミトン、ヘアアクセなどを見せてもらいました。

小花柄のキッチンミトンもルセットのもの。

「一番お気に入り。ルセットのものです」ピンク＆レースがラブリー！

ピンクのローズが上品！「大好きなローラアシュレイのエプロン」

花柄×ストライプのルセットのエプロン。「フリルがキュートです」

「お料理中はシュシュやリボンつきのヘアゴムで髪をまとめます！」

# 収納棚

食材や洗剤のストックやお菓子作りの道具などを入れている収納棚をチェック！ 仕分けも完璧です。

ちょっと見づらい上の段は、奥にしまわず手前に置いてわかりやすく。

使いやすい中央の段は、しょうゆなどよく使う調味料のストックを。

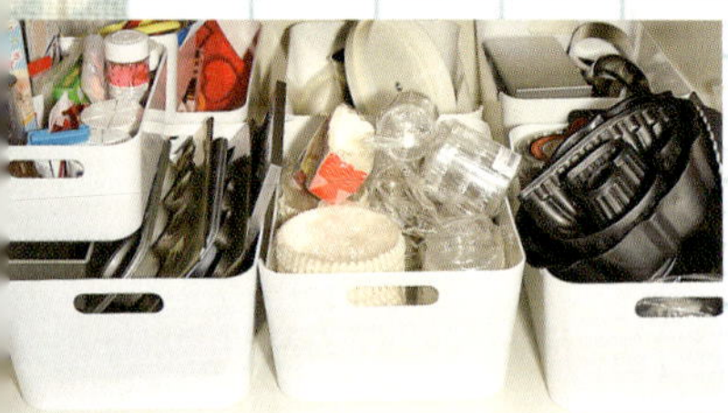

小さなシェルフを入れれば、高さのある空間も使いこなせます。

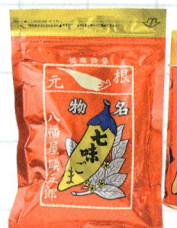

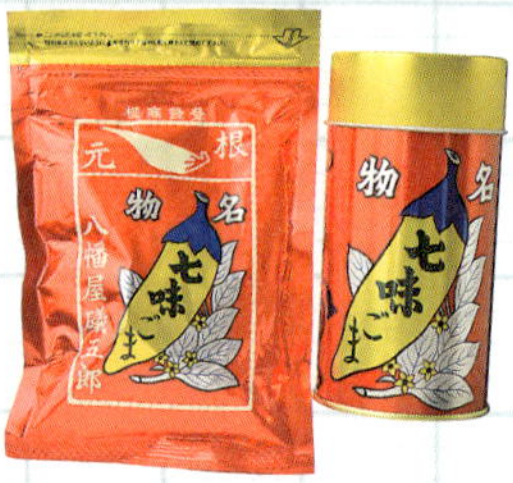

お菓子関係のコーナー。焼き型やカップなどアイテムごとに分けてわかりやすく。収納グッズも白で統一。

収納棚のストックの中には、旦那さんのお気に入りの七味ごまが。

小さなシェルフやボックスを入れて空間を上手に仕切り、使いやすくしている工夫があちこちに。一目瞭然でわかりやすさ抜群。

## ＼取材班もびっくり！／
## 海の野菜洗い

ゆうこりんがお友達に紹介されて使っている「海の野菜・くだもの洗い」はブログでも話題！ 使い方を見せてもらいました。

帆立ての貝殻成分で作られた天然素材100％の除菌洗浄剤。野菜などに付着した残留農薬やワックスなどを除去。

お米を入れた水にパパッとふりかけます。

いつものようにお米をといでいると……。

とぎ汁が薄いグリーンに変化しました！

残留農薬やワックスなどを除去してくれるそうです。私はこれを入れてお米をとぐのですが、ご飯がおいしく炊けるんです。

# リビング

少し前に引っ越しをしたゆうこりん。インテリアも一新したという新居のリビングをご紹介します！

繊細なレリーフがほどこされたオフホワイトの食器がお気に入り。「色あざやかなひまわりは箸置きです」

「最近はアンティークなどのインテリアが気になっているので、お部屋は少し大人っぽくなったかな。普段から居心地のよさを心がけています」

「食器棚も色を塗り替えました。見ると幸せな気分になれるかわいい食器はここが定位置。お茶の道具もまとめて入れています。最近は『サラグレース』がお気に入りでよく行っています」

リビングには以前から習っているピアノとフルートが。「今もときどき弾いていますよ。ぬいぐるみはこのテディベアを置いています（笑）」

お客さま用のカトラリーはペーパーで仕切った下に並べています。取り出しやすい工夫です。

「旦那さんの『ソファでゴロンとしたい』というリクエストに、生成りの生地がすてきな、大きめのL字タイプを探しました」

家具は以前のものを塗り替えて、ペールトーンのやさしい色合いに。「旦那さんからもらったお花やかわいい小物も飾っています。ソファの背後には息子の遊び道具が隠れています」

食器棚の引き出しの中も仕切って使いやすく。

# お気に入り食器＆SHOPリスト

お料理を始めてから食器が大好きになりました。愛用品やよく行くお店、そしてこの本でも使っているお気に入りの器をご紹介します。

## 今はまっています！ ポーランド食器

このポーランド食器は全部私物です。ぽってりとした素朴なかわいらしさが大好きなんです。

**ポーランド食器が買えるお店**

**ププ エ ミミ**
あたたかみのある雑貨がいっぱい！ 東京都渋谷区猿楽町13-5代官山ステラハウス1-A ☎03-5456-7231

**Madu**
下で紹介するお店「Madu」にもあります。オンラインショップもあるのでお気に入りを探してみてください。

**エブリデイ バイ コレックス**
渋谷ヒカリエ5階にあるライフスタイルのお店。ポーランド食器などのかわいい食器がたくさんあります。

**P86** 黄色いお花と小さないちごの絵柄なんですよ。やわらかいトーンの色合いも大好きです。

**P24** ピンク＋ブルーのお花の組み合わせがお気に入り。ワンプレートごはんにも使える大きさ。

**P25・86** サイズが小さめなのでお菓子にも。おうちでは大福などの和菓子にも使っています。

**P47・85** 小花と葉がラウンド状に描かれた平皿です。ブルーの色調で落ち着いた雰囲気。

**これもかわいい** 黄色×ネイビーのポップなキュートさが魅力です。縁取りのネイビーも効いていますよね。

**P62** 副菜やちょっとしたおつまみを盛るのに重宝する小さな食器です。深さがあるのでつけのあるものでもOK。

**P20** ブログにも登場したことがあります。マリネなど少しおかずにちょうどいいサイズです。

**P86** ポーランド食器ってぽてっと厚めなので、マグカップも口当たりがやさしいのが好きです。

## 今はまっています！ 暮らしのうつわ 花田

スタイリストさんに教えてもらって、うかがうようになった老舗の和食器屋さんです。普段使いのものからこだわりの器まで幅広くそろっています。

**SHOP DATA**
店内が広いのでゆっくり見ることができます。2階のギャラリーでは毎月企画展も。東京都千代田区九段南2-2-5九段ビル1～2F ☎03-3262-0669 www.utsuwa-hanada.jp オンラインショップあり。

### これにも注目！
**息子のために使ってみたいです**
上手に持てない子にハンデがあったり、まだ食器を上手に持てない時期の子どもにも使いやすいように設計＆工夫された器のシリーズ「MOAS（モアス）」。

**P54** 実と葉で縁取られた直径19cmのお皿。切り身の煮魚など、汁けのあるお料理にも。

**P52** 描かれているのは個性的なすみれの文様。和のおかずをさわやかに彩ってくれます。

**P45** 染めつけの青い色が個性的な角皿。角を落としているのでやわらかいイメージのお皿です。

**P39** この本ではオクラの肉巻きを盛りつけた長角皿です。1人分おかずにも使いやすいサイズです。

**P60** この本ではセロリときくいかの和えもので使っています。黄色いお花がアクセントの小鉢。

**P82** 具だくさんの汁ものからおそうざいまで応用範囲のひろい中鉢。淡い色でやさしい印象。

**P48** 淡い色彩で丸い青りんごが描かれた飯碗。たらのあんかけの器とコーディネートしました。

**これもかわいい** 持つとしっくり手になじむ丸い形。見た目のかわいらしさと使いやすさを兼ね備えた飯碗。

**P48** 菊の模様がはいったお皿です。魚のあんかけなどたれやソースをかける料理に。

**P62** この本ではれんこんのいそべ焼きを盛りつけています。野菜の副菜などに使いやすい器です。

**P45** シンプルな形に、刷毛目で動きと表情をつけた小さめのお皿。取り皿などに活躍しそう。

## 今はまっています！ Madu

和食器＆洋食器をはじめ、カトラリーやクロス類まで、普段使いに最適な使いやすくカジュアルなテーブルウェアが勢ぞろい！

**SHOP DATA**
"美味しい食卓 ここちよい暮らし"がコンセプト。店内のテーブルコーディネートも合わせの参考に。東京都港区南青山5-8-1セーヌアキラ1F ☎03-3498-2971 www.madu.jp オンラインショップあり。

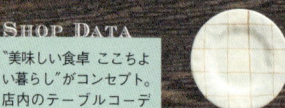

**P18** ブルーとブラウンの優しい色あいのチェックプレート。どんなお料理にも合わせやすいです。

**P14** あさりのスープで登場。素朴な印象の陶器のカップに控えめなドット柄がかわいい！

**P20** 口が広めのぽってりとしたスープカップ。容量もたっぷり入るから具だくさんスープに。

**P20** 口当たりのやさしい木製のディナースプーン。使っていくうちにどんどん"味"が出ます。

**P14** 蒸し春巻きを盛った大きめのオーバルプレート。青みがかった色が微妙にきれい。

**P20** 器の内側はオフホワイト、外側は淡い黄色のコントラストがやさしいイメージ。

**P16** パセリの葉が描かれた輪っかのボウル。これに肉じゃがを盛ると定番おかずも軽やかなイメージに。

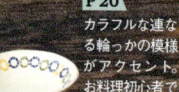

**P20** カラフルな連なる輪っかの模様がアクセント、お料理初心者でも盛りつけやすい浅鉢です。

**P20** 表面を鱗状に削った模様が印象的な陶器碗です。糸底が高いので持ちやすく食べやすい。

**P12** カフェオレボウルみたいなコロンと丸い形がキュート。ブルーダリアが描かれた飯碗。

**P23** 朝食用のスムージーに使用した輪のあるグラス。重ねられるから収納するときも便利です。

## ＼今はまっています！／ メゾン・ド・マニー

お仕事の合間に偶然通りかかって見つけたお店です。南フランスの片田舎にあるような、やさしい雰囲気で店内もとってもかわいい！

**SHOP DATA** フランスの生活雑貨ブランド「コントワール・ドゥ・ファミーユ」やオリジナルブランドである「マニー」などを扱うフレンチテイストにあふれるお店。東京都渋谷区神泉町1-20 ☎03-3770-0476 http://www.many.co.jp/many/index.html

- **P68** パスタの章でボロネーゼを盛りつけました。リム(皿の縁)があるのでお料理が映えます。
- **P28** 全体に施された草花の型押しとつやのあるミルキーホワイトが印象的なデザートプレート。 
- **P85** 切ったパンをそのまま盛りつけてもかわいいカッティングボードです。 
- **P28・68** 赤い柄がアクセントに。こんなカトラリーを揃えるだけでも食卓がビストロテイストに。 
- **P68** パリのビストロ風のぽってりと厚めのグラス。厚めだから割れにくく使いやすいのも魅力です。 
- **P22・28** クリスマスメニューでホットワインを入れたタンブラー。あたたかく飲み物にも使えます。 
- **これもかわいい** 渦を巻くような模様がかわいいタンブラー。厚めだから口当たりもやさしいのがいい！ 
- **P18** スムージーやお水、ジュースなど、どんな飲み物にも使えるシンプルな形のグラス。 

## ＼今はまっています！／ うつわ大福

2～3年前にテレビ番組で連れて行っていただいて知りました。私好みのテイストの器がたくさんあって、つい買ってしまいます。

**SHOP DATA** やさしい風合いの陶器から、色絵や染めつけの磁器まで、普段の食卓に気軽に使える器が豊富。東京都港区南青山3-8-5デルックス南青山1F ☎03-6326-7482 www.utsuwa-daifuku.com オンラインショップあり。

- **P64** 白磁のお皿にペイズリー柄がほどこされているのがすてき。ちょっと楕円の平皿。
- **P66** リム(縁部分)に木の実が散った大きめのお皿。深さがあるので汁気のあるものでも。
- **P53** ぽってりとした素朴な形と、お花の型押しがかわいい粉引きの器。小さなおかずに。 
- **P40** この本では黒酢の酢豚に使いました。シンプルだけどお花の形でお料理も映えます。 
- **P39** お皿の全面にやわらかなタッチで描かれた、淡いブルーの小花とつるのモチーフがすてき。 
- **P63** 形が変わったお皿があると、食卓に変化がつきますね。これは直径22cmで使いやすさも。
- **P65** 切り干し大根などのおそうざいをたっぷり盛って。中鉢よりやや小さめのサイズの器です。 
- **P57** 焼き魚やギョーザなどを盛りつけるのにちょうどいいサイズ。長皿っていろいろあると便利です。 
- **P54** 青いお花と葉が並んだ色絵の楕円皿です。少し深さがあるのでソースがあるお料理にも。
- **P59** ところどころに丸くて赤いりんごが描かれた飯碗。ご飯を食べるのが楽しくなりそうです。  
- **P16・59** 赤×茶の色の組み合わせがあたたかみを感じさせる飯碗です。ラフなタッチが魅力的。 
- **P66** 酢の物などに重宝する小鉢。定番おかずもお料理屋さん風におめかしできます。 
- **P61** 底が平らになっているので、サラダやおそうざいを盛りつけやすい形。色もきれいです。 
- **P65** この本では明太子のポテトサラダを盛りつけました。シンプルで使いやすい片口です。 
- **P57** 水ギョーザや具だくさんのスープなどに使いやすい器です。茶の絵つけが魅力です。
- **P62** 動きのある葉っぱのモチーフが目を引きます。直径15cmの使いやすい大きさです。 
- **P60** 和え物など小さなおかずに使いやすい小鉢。小鳥が実をついばむ絵つけもかわいいです。 
- **P59** この本では、ひじき入り卵焼きを盛りつけました。ぽってりとして小さめサイズの楕円皿。 
- **P12・65** 口が広いので、盛ったお料理がきれいに映える小鉢です。赤のラインがアクセントです。   
- **P61** 雲みたいな形がかわいい小さなお皿。絵つけがなく、ぽってりとやさしい印象の粉引き。 
- **P61** 葉っぱの形がかわいい小さな器。副菜などを盛るのにちょうどいいサイズです。 
- **P80** 色も形も大きさもそして重すぎない見た目の感じも、普段使いにちょうどいい汁椀です。 
- **P16・83** 木目の美しさに目をひかれる"さくら"のお椀。コロンとした形もかわいいです。 

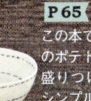

## ＼今はまっています！／ miyama.

お仕事でご一緒した編集の方が教えてくれました。白い食器などシンプルなデザインのバラエティーが豊富で、とても使いやすいです。

**SHOP DATA** 雑貨から業務用までを扱う食器のメーカー。シンプルなデザインでありながらも、使いやすい工夫、ちょっとした遊び心を盛り込んだ食器作りに定評が。岐阜県瑞浪市稲津町小里940-1 ☎0572-68-4562 www.miyama-web.co.jp

- **P38** リムに一筋ずつレリーフが彫り込まれ、モダンな北欧デザインを感じさせるプレートです。
- **P36** お菓子を引き立てる上品なイメージのケーキプレート。お茶の時間が楽しみになりそうです。 
- **P59** やや深さがあるので、どんな料理も盛りつけやすいモダンでカジュアルな中皿です。

# Yuko's fashion

家事をしているときも、お気に入りのファッションを着ていると気持ちが上がります。お料理だってエプロンがかわいいと楽しくなりますよ。

**hair arrange**
トップの毛束を高さを出してとめ、上からビジューつきのヘアバンドを。ヘアバンド／コニーバイフィービィー（フィービィー東急プラザ表参道原宿店）

細めコーデュロイのブルーワンピに、胸元のフリルがかわいいストライプのエプロンを合わせたコーデ。ラブリーすぎない大人かわいい雰囲気がすてきです。

さわやかなエプロンに合わせたのは、ピンクのレースが大人っぽいカットソーと、デニムのミニスカート。エプロンを取るとがらりと雰囲気が変わります。

中はこう！

デニムストライプフリルワピロン（ストライプ）／ルセット（ルセット ラフォーレ原宿店） ハートポケットワンピース／シュープリーム ララ オパールネックレス／ラマナジュエルズ（ラマナ） ハートピアス／イロンデール（イロンデール・エムカ） ルームシューズ／アフタヌーンティー・リビング タイツ／スタイリスト私物

フラワーストライプベーシックワピロン／ルセット（ルセット ラフォーレ原宿店） トップス／ジル バイ ジルスチュアート スカート／デイシー（デイシー代官山） ピアス／ロージー バイ ジュピター（ジュピター代官山） ルームシューズ／アフタヌーンティー・リビング タイツ／スタイリスト私物

**hair arrange**
ヘアアイロンで軽くカールをつけ、片サイドの髪をパールつきのバレッタでとめる。パールミニバレッタ／ステラ ハリウッド（ステラ ハリウッド カスタマーセンター）

今一番お気に入りのレースエプロンには、ビジューつきのニットと黒のリボンが効いたベージュのスカートを組み合わせて、上品でロマンチックな印象に。

中はこう！

デニムストライプフリルワピロン（デニム）／ルセット（ルセット ラフォーレ原宿店） ワンピース／ローズブリット（バーズ・アソシエーション）

レースデニムワピロン／ルセット（ルセット ラフォーレ原宿店） ワンピース／シンシア ローリー（イトキン カスタマーサービス）

レースフリルワピロン／ルセット（ルセット ラフォーレ原宿店） ビジューつきニット（カーディガンつき）、スカート／シンシア ローリー（イトキン カスタマーサービス） ルームシューズ／ウフドゥー タイツ／スタイリスト私物

上・クラシックワンピエプロン、右・マルチフラワーワンピエプロン／ララベル（マジックナンバー）

商品のお問い合わせ先はこの本の奥付をご覧ください。

おわりに

この本を作る時、どんなお料理を
選んだら皆さんのお役に立てるかな。
味つけは、どうしよう。
いろいろ考え、最初から最後まで
何度も試作を繰り返しました。
試行錯誤しながら、やっとまとまった
レシピたち。
私にとって思い入れの深いお料理ばかり
です。
旦那さんと、彼と、家族と、お友達と…。
色々なシーンでお役に立てたら
嬉しいです。

小倉 優子

## 商品のお問い合わせ先

アフタヌーンティー・リビング ☎ 0800-300-3312
アモリコ 渋谷ヒカリエ ShinQs店 ☎ 03-3486-8033
イトキン カスタマーサービス ☎ 03-3478-8088
イロンデール・エムカ ☎ 06-6241-7304
ウフドゥー ☎ 03-3408-9023
シュープリーム ララ ☎ 03-5775-7015
ジュピター代官山 ☎ 03-5428-2815
ジル スチュアート ☎ 03-6748-0502
ジル バイ ジルスチュアート ☎ 03-6748-0508
ステラハリウッド カスタマーセンター ☎ 0120-80-8421
デイジー 代官山 ☎ 03-5728-6718
バーズ・アソシエーション ☎ 03-6434-5201
フィービィー 東急プラザ表参道原宿店 ☎ 03-6438-9071
マジックナンバー ☎ 03-6452-4192
ラマナ ☎ 03-6804-3565
ルセット ラフォーレ原宿店 ☎ 03-6447-0292
ル・クルーゼ ジャポン ☎ 03-3585-0198
UTUWA ☎ 03-6447-0070

ヘア&メイク　　　　　松本未央（GON.）
衣装スタイリング　　　水嶋和恵
料理スタイリング　　　川﨑万里
フードコーディネーター　井原裕子
ライター　　　　　　　内田いつ子
装丁・本文デザイン　　山下桂子（sandesign）
撮影（料理）　　　　　青砥茂樹（本社写真部）
撮影（人物）　　　　　大坪尚人（本社写真部）

artist management
瀧澤勉、山口桂、吉田司（プラチナムプロダクション）

## 小倉優子の毎日ほめられ♥ごはん

2013年11月28日　第1刷発行
2014年 1月30日　第4刷発行

著者　小倉優子

発行者　持田克己
発行所　株式会社　講談社
〒112-8001　東京都文京区音羽2-12-21

印刷所　大日本印刷株式会社
製本所　大口製本印刷株式会社

【この本についてのお問い合わせ先】
編集部☎03-5395-3447
販売部☎03-5395-3606
業務部☎03-5395-3615

定価はカバーに表示してあります。
本書のコピー、スキャン、デジタル化等の無断複製は著作権法上での例外を除き禁じられています。本書を代行業者等の第三者に依頼してスキャンやデジタル化することは、たとえ個人や家庭内の利用でも著作権法違反です。
落丁本・乱丁本は購入書店名を明記のうえ、小社業務部あてにお送りください。送料小社負担にてお取り替えいたします。
なお、この本の内容についてのお問い合わせは、with編集部あてにお願いいたします。

『with』オフィシャルサイト　http://www.withonline.jp
©Yuko Ogura 2013
©KODANSHA 2013　Printed in Japan
ISBN 978-4-06-218738-1